포스트 코로나
한국교회의 미래

— 소강석 지음 —

쿰란출판사

포스트 코로나
한국교회의 미래

서문

나는 책을 쓴 후에 후회를 많이 한다. 조금 더 시간을 두고 써야 하는데 급한 마음에 책을 내놓고 후회한다. 그럴 때마다 추사 김정희가 마음에 새기며 살았다는 '성중천'(性中天)이라는 말이 떠오른다. 성중천은 직역하면 "마음속의 하늘"이라는 뜻이지만, 의역하면 내 안에 가지고 있는 말과 사상, 이미지가 차고 넘쳐서 도저히 표출하지 않으면 주체할 수 없는 충만한 상태를 말한다고 한다.

이번에 책을 내면서 '성중천'이라는 말이 떠올랐다. 나 역시 도저히 이 책을 쓰지 않으면 주체할 수 없을 정도로 마음과 생각과 이미지가 차고 넘쳤다. 그래서 너무 급하게 책을 내고 나서 더 깊은 후회를 할지도 모른다. 그러나 코로나 사태가 일어나고 무너져가는 한국교회의 처참한 현실을 보면서 밤잠을 이룰 수 없었다. 코로나는 사회 전 분야, 심지어는 전 세계 국가까지 마비시켜 버렸다. 그 와중에 한국교회는 예배가 생명인데 예배마저 중지되어 버렸다.

초대교회 때부터 단 한 번도 교회사에서 예배가 중지된 적은 없다. 저 로마의 잔인한 박해 속에서도 카타콤의 푸른 등불은 꺼지지 않았고, 흑사병과 세계전쟁, 6·25전쟁의 화염 속에서도 예배는 중단되지 않았다. 그런데 이번 코로나 사태 기간에 상당수의 교회들이 아예 예배를 중단했다는 이야기를 들었다.

나로서는 너무나 큰 충격이었다. 밤잠을 못 자며 고민을 하다가 급한 마음에 거의 2박 3일 동안 문서사역자에게 구술로 불러줬다. 거의 두 달 동안 주일 1-5부예배, 주일 저녁예배, 새벽기도회, 수요1, 2부예배, 금요철야기도회까지 혼자 인도하다 성대에 결절이 생겨서 도저히 무리하면 안 되는 상황이었지만, 아픈 목을 부여잡고 간간이 물을 마시고 약을 먹으며 말을 쏟아냈다. 그리고 계속 원고를 보완하여 급하게 책을 내었다.

책이 나오면 너무 엉성한 부분이 많아서 후회할지도 모른다. 책을 쓰는 동안 4·15총선이 있었다. 나는 총선 개표방송도 거의 보지 않고 책 작업을 하였다. 아마 총선 결과를 보면서 내 마음이 더 다급해졌는지 모른다. 이번 책은 신속함과 타이밍이 중요하다고 판단했다. 이 책이 조금이라도 한국교회를 세우는 데 쓰임 받았으면 좋겠다.

코로나 정국과 총선 이후의 시대 흐름을 파악하는 데 대통령 리더십 소장인 최진 박사님이 도움을 주셨고 처치 플랜팅(Church Planting)의 개념과 맥락에 대해 21C목회연구소 김두현 소장님께서 도움을 주셨다. 부족한 종을 늘 사랑과 섬김으로 세워주시는 새에덴교회 장로님들과 성도들에게 감사드리고 정금성 권사님과 배정숙 사모에게 감사하다. 원고 교정을 위해 수고해준 동역자 선광현 목사님과 신속하게 책을 출판해 준 쿰란출판사 이형규 장로님께도 감사드린다. 소설가 헤밍웨이는 책을 한 권 쓸 때마다 사람 한 명을 대상으로 생각하며 썼다고 한다. 이 책을 코로나가 아닌, 그 어떤 신종 전염병과 재앙이 닥쳐와도 결코 예배의 등불을 꺼뜨리지 않아야 할 한국교회의 제단에 바친다.

2020년 4월
소강석 목사
(새에덴교회, 시인)

차례

서문 ··· 004

1장_ 코로나로 인한 사회 변화

1. 대면적 관계 단절, 개인주의와 자기중심성 문화_ **015**
2. 가족 중심의 새로운 일상(뉴 노멀)의 변화_ **016**
3. 집단성, 공동체성이 해체되고 온라인, 가상공간의 문화_ **017**
4. 다운사이징(축소화) 사회로 소상공인들의 서바이벌한 삶_ **017**
5. 문화 예술적, 종교적인 활동보다는 육체적, 건강 우선순위의 삶_ **018**
6. 글로벌한 사회보다는 국가 이기주의 사회로의 변화_ **019**

2장_ 코로나로 인한 교회환경 변화

1. 교회를 세울 수 있는 환경에서 교회를 파괴하는 환경으로의 변화_ **022**
2. 영적인 태만과 냉담, 방치 습관의 체질화_ **023**
3. 성도들 신앙의 육체적 세속화_ **024**
4. 4·15 총선의 결과가 보여준 진보사회로의 변화_ **027**

3장_ 코로나 이후의 교회 세움

1. 성경적 신앙, 초대교회 신앙으로 리셋(reset)하기_ 038
    1) 첫사랑 회복시키기_ 039
    2) 영적인 목마름 회복시키기_ 044
    3) 공동체 신앙 훈련시키기_ 073
    4) 신앙의 열정 회복시키기_ 076
    5) 헌신훈련 반복하기_ 078
    6) 뉴 ACTS29 운동_ 103

2. 성경적 신앙을 시대 트렌드에 맞게 리포맷(reformat)하기_ 106
    1) 양극단의 이념에 편승하지 않고 하나님 중심의 신앙 갖게 하기_ 107
    2) 정치적 부족주의를 벗어나 신앙적 화합주의로 변화시키기_ 111
    3) 분노사회를 신앙의 방식을 통해 화해사회로 전환시키기_ 114
    4) 과거적 신앙보다 미래적 신앙으로 바꾸기_ 118

4장_ 다시 교회세움운동(처치 플랜팅; Church Planting)의 방향

1. 집회 회복 차원에서의 교회 세움_ 122
    1) 예배의 포맷을 새롭게 하기_ 127
    2) 감동적인 설교 준비하기_ 128
    3) 현장예배에 대한 기대감 갖게 하기_ 130
    4) 성도와 성도끼리 연결 맺기_ 131
    5) 성도와 교회 연결 맺기_ 131

6) 특별기도회 참여시키기_ **132**
7) 보랏빛 엽서 보내기_ **133**
8) 오는 교인들을 왕처럼 모시기_ **134**

2. 순환계적 차원에서의 교회 세움_ **147**
   1) 교회 본질 이해하기(교회론 교육)_ **148**
   2) 교회를 다시 경험하게 하기_ **150**
   - 교회를 향한 하나님의 소명 새롭게 경험하기
   - 현장예배의 중요성 경험하기
   - 몸 된 교회의 지체로 존재하기
   - 다시 기도의 불 붙이기
   - 몸으로서의 교회를 배우고 체험하기
   - 공동체 교회와 조직교회 참여, 헌신
   3) 예배를 새롭게 경험하기_ **160**
   - 예배의 신성함 교육하기
   - 예배의 공동체성 회복하기
   - 예배를 통한 하나님의 임재와 영광 체험하기
   - 설교에 생명력 더하기
   4) 가정교회 세우기_ **199**
   5) 이단 침투 방어와 이단 탈퇴자 교화하기_ **200**

3. 포지션 영역에서의 교회 세움_ **202**
   1) 교회의 이미지 메이킹 새롭게 하기_ **202**
   - 올드 처치에서 뉴 처치의 이미지로 바꾸기
   - 제도적 교회에서 창조적 교회로 나아가기

- 오프라인 교회와 온라인 예배가 쌍두마차로 가기
- 대면 전도와 온라인 전도 융합하기
- 정치적, 사회적 교회에서 복음적, 목회적 교회로 전환하기

2) 교회 브랜드 업(up)하기_ 213
- 예배와 설교의 새로운 포맷하기
- 메디컬 처치(medical Church)
- 근시적 마을교회에서 글로벌, 킹덤 처치로 확장하기
- 일반 주변 교회에서 핵심적 중심교회로 진입하기

4. 생태계적 차원에서의 교회 세움_ 221

1) 교회 생태계 이해하기_ 221
2) 공교회 이해하기_ 223
3) 공적 사역의 마인드 갖기_ 228
- 하나님의 시야와 마음을 가진 사람 – 공교회 의식
- 네트워크와 연합된 마음을 가진 사람(네트워크 교회를 이룸)
- 반기독교적 흐름을 막고 교회 생태계를 지키기 위해 헌신할 수 있는 사람
- 미디어 선교, 문화선교의 의식이 있는 사람

4) 교회와 국가의 관계_ 241

5. 다음 세대 차원에서의 교회 세움_ 244

1) 신앙의 유산으로서의 다음 세대_ 246
2) 교회 유산으로서의 교회 세대_ 249
3) 유튜브를 통한 Z세대 전도_ 257

1장
코로나로 인한 사회 변화

포스트 코로나, 대전환의 시작

코로나는 지엽적 변화가 아니라 세계사적인 대전환이다. 코로나 이후에 인간의 생활방식, 사고, 정치, 경제, 문화, 예술 등 사회 전 분야에서 대격변이 일어날 것이다. 그것은 지금까지 인간이 한 번도 걸어가 보지 않은 전혀 새로운 길일 것이다. 뉴욕타임즈 칼럼니스트 토머스 프리드먼은 "세계는 코로나 이전(before corona)의 세기와 코로나 이후(after corona)의 세기로 나뉠 것이다"라고 간파했다.

한국교회 역시 코로나 이전과 이후의 세기로 나뉠 가능성이 크다. 코로나 사태가 일어나면서 한국교회는 지금까지 한 번도 걸어가 보지 않은 길을 걷게 되었다. 신앙방식, 사고, 교회생활과 문화패턴 등 모든 면에서 사상적 정신적 지형을 변화시켜 버렸다. E.H. 카는 "역사는 과거와 현재의 끊임없는 대화"라고 했다. 토인비는 "역사는 도전과 응전"이라고 했다.

이집트는 나일강의 범람으로 인해 태양력, 기하학, 건축술, 천문학이 발달했다. 그러나 역사적으로 자연환경이 좋아서 도전도 응전도 전혀 없었던 잉카, 마야, 메소포타미아 문명은 역사의 뒤안길로 사라져버렸다.

그런 의미에서 한국교회는 코로나라고 하는 도전에 응전을 실패하면 쇠락하게 되지만, 응전에 성공하면 새로운 부흥의 기회로 삼을 수 있다. 아니, 코로나가 끝나더라도 신종 코로나나 또 다른 코로나의 위기가 올지도 모른다. 그렇게 되면 한국교회는 또 반의 반 토막이 나는 뼈아픈 위기를 맞을 수 있다. 그러므로 한국교회는 코로나 이후를 대응함에 있어서 단기적 처방이나 프로그램 방식으로 접근해서는 안 된다. 대전환의 시대를 맞아 대명제와 대사회적 메시지를 재설정하며 전혀 새로운 뉴 마인드로 창조적 뉴 포맷을 설계해야 한다.

1. 대면적 관계 단절, 개인주의와 자기중심성 문화

코로나 사태가 일어나고 2개월여 동안 사회적 거리두기 운동이 지속되면서 대면적 관계 단절, 개인주의와 자기중심성 문화 현상이 심화되었다. 비대면 업무와 재택근무, 온라인 쇼핑이 급증하였다. 즉, 언택트(untact; 비접촉, 비대면) 사회로 진입한 것이다. 코로나 이전에도 디지털 혁신이나 4차 산업혁명에 대한 다양한 예측들이 쏟아졌지만 현대인의 피부에 와 닿지가 않았다.

그러나 코로나 위기를 겪으면서 사람들은 언택트 사회의 새로운 가능성을 직접 경험하게 되었다. 코로나 사태 때 대한민국을 살린 두 사람이 있다고 한다. 의사와 택배기사다. 전 세계는 대한민국의 비대면 검사방법인 드라이브 스루 방식을 극찬하였고, 스마트폰 하나로 모든 생필품을 주문 배달받을 수 있는 온라인 택배 서비스를 보며 감탄하였다. 그만큼 우리 사회는 대면적 관계 단절과 개인주의와 자기중심성 문화가 가속화될 것이다.

2. 가족 중심의 새로운 일상(뉴 노멀)의 변화

코로나가 본격적으로 확산된 지 한 달도 안 되어서 우리 사회에 재택근무 문화가 정착되었다. 이미 1969년 미국 과학자 앨런 키론은 거주지, 연결, 전자공학이 조합된 '도메네틱스'(dominetics)라는 표현을 사용했다. 미래학자 앨빈 토플러는 '제3의 물결'에서 정보화 시대에서는 가정이 경제적, 의료적, 교육적, 사회적 기능을 강화하면서 미래 사회에서 중심 단위가 될 것이라고 예측하였다.

그만큼 오래전부터 재택근무를 통한 가족 중심의 뉴 노멀(New Normal) 사회는 예견되고 있었다. 코로나 이후에 인터넷과 통신수단, 모빌리티 혁명이 가족 중심의 뉴 노멀을 앞당길 것이다. 코로나로 인하여 가족끼리 오랜 시간을 갖는다. 가족 중심의 생활 문화는 캐나다인들의 생활방식이다. 코로나 이후에 가족 게임이 새로운 유망사업으로 떠오를 것이라는 말도 있다. 사람들이 집 밖으로 외출을 하지 않고 오래 있다 보니까 홈쇼핑과 택배 사업도 확장될 것이라 예견하고 있다.

3. 집단성, 공동체성이 해체되고 온라인, 가상공간의 문화

태초에 하나님은 호모 사피엔스를 창조했고 애플의 스티브 잡스는 포노 사피엔스를 창조했다는 말이 있다. 지금은 스마트폰이 낳은 신인류 '포노 사피엔스'(Phono sapiens, 스마트폰을 인체의 한 부분처럼 활용하는 인간)의 시대라고 일컫는다. 코로나 사태는 포노 사피엔스의 시대를 더욱 급속하고 광범위하게 촉발시킬 것이다.

즉 디지털 르네상스 시대가 열리는 것이다. 코로나 이후에 공간(오프라인)을 중심으로 한 집단성, 공동체성 해체 현상이 나타나고, 공간의 재구성(온라인)을 통한 가상공간의 문화가 확대될 것이다. 유통업계도 오프라인 매장을 철수하고 온라인 매장을 확대하는 방향으로 가고 있다. 일반 기업은 고비용이 드는 오프라인 사무실을 축소하고 재택근무를 확대하며 다양한 온라인 비즈니스의 길을 모색하고 있다.

4. 다운사이징(축소화) 사회로 소상공인들의 서바이벌한 삶

코로나19 사태로 전 세계의 경제가 마비되었다. 코로나는 경제적으로 어마어마한 큰 충격을 줄 것이 자명하다. 대기업의 경영은 물론 무역, 항공, 관광, 문화 예술, 공연, 서비스 산업 등 전 분야에서 다운사이징 현상이 나타날 가능성이 크다. 특히 소자본의 자영업,

비정규직, 취약계층 등이 겪어야 할 고통은 상상하기 힘들 정도로 클 것이다. 21세기 목회연구소 김두현 소장의 주장에 의하면 "9~10월이 되면 소형교회는 물론 중·대형교회를 포함해 30% 안팎의 교회가 극심한 위기를 겪을 것"이라고 예측하였다. 그만큼 코로나 이후에 다운사이징 사회 변화로 소상공인들의 서바이벌한 삶이 이루어질 것이다.

5. 문화 예술적, 종교적인 활동보다는 육체적, 건강 우선순위의 삶

코로나 사태는 문화 예술, 종교 분야를 덮쳤다. 코로나로 개봉이 연기되거나 아예 취소된 영화가 50편이 넘었다고 한다. 거대 영화기업인 CGV마저 부도 위기에 놓였다는 말이 나돌 정도이다. 대중가수의 공연이나 클래식과 뮤지컬, 연극, 미술전시 등 문화예술 행사는 완전히 마비되고 공황상태에 빠졌다. 뿐만 아니라 카톨릭, 불교 등은 모든 미사와 법회를 중단하였다. 한국교회 역시 현장예배를 온라인 예배로 전환하면서 큰 타격을 입었다.

코로나 이후에 현대인들은 문화 예술적, 종교적인 활동보다는 육체적, 건강 우선순위의 삶을 살게 될 것이다. 모든 사회 분야에 바이오라는 말이 대두될 것이고 바이오산업, 바이오제약, 바이오환경, 바이오주택 등 육체적, 건강 우선순위의 분야가 각광을 받게 될 것이다. 그만큼 인간 개개인의 육체적 건강을 우선하는 사회로 변모할 것이다.

6. 글로벌한 사회보다는 국가 이기주의 사회로의 변화

코로나 이전부터 미국의 트럼프 대통령은 미국 우선주의(America First) 정책을 표방하며 국가주의, 폐쇄주의, 고립주의, 보호무역주의 정책을 펼쳤다. 그런데 코로나 사태로 인하여 전 세계가 봉쇄정책을 취하면서 글로벌한 사회보다는 극단적 국가 이기주의 사회로의 진입을 촉발할 것이다. 헨리 키신저 전 미국 국무장관은 "코로나19로 세계질서가 바뀔 것이며 자유질서가 가고 과거의 성곽시대가 다시 올 수 있다"고 전망했다. 앞으로 각 나라가 지속적인 봉쇄정책을 펼치면서 위생시설, 식량, 제조업 생산시설 등을 자국에만 배치하려는 성곽시대로 돌아갈 가능성이 크다.

2장
코로나로 인한 교회환경 변화

1. 교회를 세울 수 있는 환경에서 교회를 파괴하는 환경으로의 변화

1980년대 초중반까지 도시집중화가 되면서 이농현상이 일어났다. 그래서 상가 지하실에 교회를 개척해도 사람들이 스스로 교회를 찾아오던 시대가 있었다. 아니, 가정집에서 예배를 드리든 2층 상가에서 개척하든 전도를 안 해도 어느 정도는 부흥을 했다. 산업화와 근대화의 과정 속에서 도시로 올라온 사람들이 곤핍한 생활 속에서 새벽기도나 철야기도에 나와 은혜 받고 기도하며 문제 해결 받고 응답받고 싶어서 자발적으로 종교성이 발동하여 교회를 찾았다.

그런데 경제가 성장하면서 사람들의 생활방식도 스칸디(북유럽) 스타일로 변해가고 점점 교회 성장의 동력도 상실되어 갔다. 그런데 이번 코로나 사태로 인하여 마지막 남은 동력마저 꺼져버렸다. 코로나 이후에 교회 이탈자 증가, 출석수 감소, 새신자 감소, 헌금, 재정의 감소로 인해 교회에 극심한 위기가 올 것으로 보인다.

더구나 목회자나 성도나 도전도 할 수 없고 변화도 할 수 없고 혁신도 할 수 없는 환경적 구조를 이루고 있다. 이러다 보니까 풀뿌리마저도 자랄 수 없는 상황이 되어 버렸다. 과거에는 세상, 문화, 시대가 교회를 세울 수 있는 환경이었지만, 지금은 교회를 세울 수 없거나 파괴하는 환경으로 변화되어 가고 있다.

2. 영적인 태만과 냉담, 방치 습관의 체질화

과거 한국교회 성도들은 주일예배를 안 드리면 죽는 줄 알았다. 주일성수 안 하면 죽는 줄 알았다. 성도들의 심령에 항상 예배를 향한 열망의 불이 타오르고 있었다. 얼마나 예배를 사모했는지 토요일이 되면 주일날 입고 갈 옷도 다리미로 다려놓고 심지어는 주일헌금 할 돈까지 다리미로 다려서 준비를 했다. 그렇게 예배를 향한 사모의 불이 활활 타오르니까 교회도 부흥했고 국력도 신장되었다.

그런데 새천년 시대를 맞이하여 국민소득이 2만 불이 되면서부터 주일성수에 대한 신앙이 희미해지기 시작했다. 옛날처럼 교회를 사모하고 예배를 열망하는 불이 사그라들기 시작한 것이다. 그러다가 갑자기 코로나 위기상황이 오면서 예배의 불이 꺼지고 교회가 급격하게 쪼그라들어갔다. 코로나 이후에 온라인 예배로 전환하면서 성도들이 현장예배를 몇 달 동안 드리지 못하다 보니까 교회와 예배에 대한 각오가 너무 태만하고 냉담한 사고로 굳어지고, 방치하는 습관이 체질화되어 버렸다.

3. 성도들 신앙의 육체적 세속화

코로나 이전부터 물량화, 세속화의 흐름이 교회 안에 유입되면서 현대교회 성도들의 영성이 소멸되어 가고 있었다. 그런데 코로나로 인하여 성도들의 신앙 자체가 육체적 세속화가 되어 버렸다. 그래서 몸을 너무 사리다가 영혼을 잃어버리고 영성을 잃어버리게 되었다. 그 결과 공중권세 잡은 자들이 흑암의 세력으로 성도와 교회를 덮어버리는 듯한 현상이 나타나고 있다.

옛날에는 주일예배 한 번만 빠져도 죽는 줄 알고 죄악시했는데, 지금은 너무나 당연시 여기고 있다. 더구나 코로나로 인하여 온라인 예배를 경험한 성도들의 신앙이 더욱 육체적 세속화가 될 가능성이 농후하다. 물론 코로나 사태가 일어났을 때 처음에는 두려운 마음에서, 그리고 감염 예방을 위해서 한국교회가 선제적으로 온라인 예배로 전환하였다. 왜냐면 자칫 한국교회가 코로나 집단감염의 슈퍼 전파자가 되어버렸을 때 받게 될 사회적 비난과 공격을 도저히 감당할 수 없는 상황이었기 때문이다.

그러나 코로나 사태가 길어지면서 두어 달 동안 교회에 나오지 않다 보니까 온라인 예배가 습관화되어 버린 것이다. 코로나가 조금씩 진정된 후에도 교회는 안 나오면서 벚꽃놀이 가고 백화점, 식당, 카페에 다니며 사회적 거리도 안 지키고 웃음을 자아내는 모임을 갖는 것이다. 이런 상황에서 코로나가 종식된다 하더라도 과연 한국교회는 온전히 회복될 수 있을까 하는 의문이 생긴다.

한국교회는 지금 정체기를 넘어서 쇠퇴하고 있다. 1995년만 해도 8만 5천 교회가 있었다고 한다. 그런데 지금은 5만 5천 교회로 줄어들어 버렸다. 그만큼 교회 생태계가 악화되어 가고 있다. 그러나 나는 TV조선 예능 프로그램 '미스터트롯'을 보며 한 가지 희망을 봤다.

그래서 급한 마음에 국민일보에 "미스터트롯이 한국교회에 주는 도전"이라는 글을 기고했다.

미스터트롯이 한국교회에 주는 도전

세계보건기구(WHO)가 신종 코로나바이러스감염증 팬데믹(세계적 대유행)을 선언했다. 지구촌 모든 사람이 공포에 떨고 있다. 그런 공포는 우리나라에서 더 극대화되고 있다. 지금은 해외 어느 나라로도 피할 곳이 없다. 하물며 국내 어느 곳이라고 안전하겠는가. 사람도 믿을 수가 없다. 심지어는 자기 가족도 믿을 수 없는 상황이다. 사실은 교회도 믿을 수 없는 곳이 돼 버렸다.

코로나 위기가 끝나면 사회가 어떻게 변할 것인가. 사람들의 마음속에 자리잡고 있던 공포는 철저히 자기중심의 사회를 이루게 할 것이다. 집단적인 공동체 문화는 철저하게 무너지고 개개인 중심, 현물 중심의 사회로 변하게 될 것이다. 외환위기 이후 한국교회는 영적인 회복을 할 줄 알았지만 오히려 더 약해져 버렸던 사실을 기억해야 한다.

대한민국을 떠들썩하게 한 '미스터트롯'이라는 프로그램을 아는가. 미스터트롯은 방송 역사상 예능 프로그램 중 최고의 시청률을 올린 새로운 포맷 방송이었다. 오죽하면 코로나 위기 속에서도 미스터트롯을 보는 재미로 세상을 산다는 말이 나올 정도였겠는가.

우리는 트로트에 아주 익숙하다. 아무리 유명한 트로트 가수가 노래를 불러도 "아, 저 가수, 저 노래" 하며 당연시했다. 그리고 은연 중 트로트는 올드 포맷이 됐고 전형적인 노래로 여겨졌다. 그러나 방송사는 전혀 다른 형태의 트로트, 즉 21세기형 새로운 트로트의 포맷을 구상했다.

이 프로그램을 준비하는 데 50여 명의 인력이 투입됐다고 한다. 그 인력이 프로그램을 설계하는 데 3개월, 참가자를 면접하는 데 3개월이 걸렸다는 것이다. 모두 1만2000명이 지원해 그중 101명을 선발했다. 선발기준은 노래도 잘해야 하지만 눈물겨운 사연과 감동의 이야기가 있는 사람이어야 했다.

그리고 이 101명을 집단 합숙을 시키며 새로운 감성과 이야기를 입혀 노래를 부르도록 훈련을 시켰다. 더 중요한 것은 지상파방송이 간과했던 부분을 종편방송이 황홀한 감동과 전율의 프로그램으로 제작해낸 것이다. 얼마나 철저하게 준비했으면 시청자를 3시간 동안 화장실도 못 가게 할 정도로 사로잡았겠는가. 최종결선에서 700만 명이 넘게 투표하다 서버가 다운돼 버릴 정도였다.

나는 이 이야기를 듣고 "이거다!" 하고 무릎을 쳤다. 어느 곳으로도 피할 수 없고 누구도 믿을 수 없는 상황 속에서 사람들은 갈수록 진짜 믿을 수 있고 피할 수 있는 것은 신밖에 없다는 사실을 깨닫게 될 것이다. 그렇다면 하나님을 섬기는 교회가 다시 그런 곳이 되게 할 수는 없을까. 일제강점기에 교회가 민족의 소망이었고 산업화와 근대화 시대에 교회가 사람들의 위로처, 피난처가 됐던 것처럼.

문제는 교회의 예배와 메시지에 있다. 우리는 지금까지 너무 당연하게 예배를 드려왔다. 당연하게 드렸던 예배는 그 소중함과 가치를 잃어버리게 했고 강단의 메시지 역시 생명력을 잃고 말았다. 성경공부나 제자훈련도 어느새 매뉴얼화되고 프로그램화됐다. 그렇지 않았다면 이 코로나 위기에 이렇게 교회의 예배가 동력을 잃어버릴 수 있단 말인가.

한국교회도 21세기형 새로운 포맷의 교회로 거듭나 보자. 지금껏 당연히 드려왔던 예배를 더 새롭고 전혀 다른 감동의 예배로 바꾸어 보자. 설교에도 다시 한번 생명의 동력을 불어넣어 보자. 지금은 온라인 예배의 찬반을 논하기보다 우리 자신이 어떻게 변화하느냐를 고심해야 한다. 같은 교회, 같은 예배, 같은 설교자, 같은 교인이라도 의례적인 매뉴얼에서 벗어나 전혀 새로운 포맷, 새로운 사람, 새로운 마인드로 다시 태어나 보자. 그럴 때 한국교회는 개인 중심, 현물 중심을 넘어서는 새로운, 그리고 진정한 영적 공동체로 비상할 것이다.

- 2020. 3. 23. 국민일보 특별기고

4. 4·15 총선의 결과가 보여준 진보사회로의 변화

4·15총선의 결과는 대부분 예상치 못한 결과였다. 어느 신문 기사나 정치 분석, 오피니언 리더들의 글을 봐도 이 정도까지 결과를 예상하지 못했다. 물론 나는 이런 결과를 미리 예측했다. 그렇기에 나는 오히려 나의 직감과 예측이 틀리기를 기도했다. 그런데 4·15총선의 결과는 진보와 보수가 7:3 정도로 기울어진 운동장이 형성되었다. 진보는 20대에서 50대까지 지지를 얻었고 보수는 60대 이상의

지지를 받았다.

보수진영의 패배 원인은 무엇이었을까. 보수진영에서는 국민적 분노를 발산시키고 확산시키는 데는 성공했다고 본다. 그러나 분노라고 하는 것은 오래가지 않는다는 것을 알아야 한다. 보수진영에서는 분노를 확산시키지도 못하면서 계속 분노 프레임으로 간 것이다. 광장집회도 한두 번이지 계속 갈 수는 없다. 그럼에도 불구하고 보수진영은 몇몇 유튜브를 통하여 국민들의 분노를 촉발시키고 확산시키려고 했다.

그러나 이런 방법은 한계가 있다는 사실을 알아야 한다. 불행한 것은 일부 교회도 분노정치에 편승한 것이다. 교회는 오히려 국민들의 분노를 가라앉히고 대화합 사회를 이루어야 하는데 일부 교회가 애국이라는 프레임을 걸면서 극우집회에 합류하고 주도해 버렸다.

나는 평소에 교회는 정치적이고 정파적인 라인에 서서 이념정치에 편승해서는 안 된다고 생각했다. 교회는 정치를 바꾸려고 해서도 안 된다. 그렇게 되면 교회는 더 많은 국민으로부터 혐오세력으로 몰리게 된다. 교회는 정치를 바꾸려고 하지 말고 신앙과 영적 영향력으로 시대 흐름을 바꾸고 사회를 바꾸고 문화를 바꾸는 사상과 정신, 영성의 푸른 강물이 흐르게 해야 한다. 정치의 속성은 죽기 아니면 살기다. 상대를 죽여야 내가 산다. 그러나 신앙은 상생하고 화합하고 다함께 사는 것이다.

그러므로 교회는 분노사회를 화해사회로 바꾸고 상생의 사회로 이끌어가야 한다. 물론 우리의 신앙과 교회가 공산주의를 용납할 수 없다. 또 종북적 사회주의를 수용할 수 없다. 나 역시 절대로 사회주의를 용납할 수 없다. 사실 기독교 사회주의도 우리가 수용하기 힘들다. 기독교 사회주의는 북유럽에서 시작되지 않았는가. 나는 북유럽 교회를 다녀보면서 기독교 사회주의도 안 된다는 것을 깨달았다. 예수 그리스도가 철저하게 중심이 되고, 교회 안에서는 가능할지 모르지만, 국가가 교회를 지배하고 간섭하는 국가 주도 사회주의는 안 된다는 것을 깨달았다. 그래서 현 정부에서 한참 사회주의적 움직임이 있을 때 국민일보에 이런 글을 쓴 적이 있다.

기독교 사회주의는 가능한가

추석 연휴를 맞아 한국교회 미래를 준비하는 대안과 방향성을 찾기 위해 교인들과 함께 북유럽교회를 탐방하고 왔다. 동유럽교회는 공산주의 때문에 망했고 서유럽교회는 진화론 사상과 자유주의 그리고 반기독교적인 흐름 때문에 망했다는 것을 알고 있었다. 그런데 기독교 국가 안에 존재했던 북유럽교회가 왜 무너지고 말았는지 그 이유가 궁금했다.

북유럽은 바이킹의 야성과 서유럽의 기독 신앙이 절묘하게 조화를 이루면서 찬란한 기독교 문명을 꽃피웠다. 그러나 지금은 교회가 텅텅 비어 버렸다. 아니, 반기독교적인 사상과 문화 때문에 유치원과 초등학교에서 해왔던 기도와 성경학습을 다 철폐해 버렸다. 심지어는 공감 교육과 다양성 교육을 명분으로 삼아 아예 유치원에서부터 동성애 교육을 한다.

노르웨이에서는 어느 부부가 아이에게 '동성애가 잘못됐다'는 교육을 했다는 이유로 양육권을 박탈당했다. 선교사가 노방전도를 했다고 고발당해 체포됐다. 주영찬 스웨덴 스톡홀름 한인교회 목사는 그 이유를 세 가지로 설명했다.

첫째, 북유럽의 교회들이 공식적으로 영혼 구원과 세계선교를 포기하고 사회 문제나 인권 문제로 방향을 돌렸기 때문이다. 1968년 스웨덴 웁살라에서 세계교회협의회(WCC) 대회가 열렸다. 북유럽 국가들이 주도한 이 대회에서 전도와 선교를 포기하고 기독교가 앞으로는 정치, 사회, 인권 문제 등에 관심을 갖고 참여해야 한다고 결정한 것이다. 한마디로 기독교 사회주의를 표방한 것이다. 프랑크푸르트 학파들의 주장과 네오마르크시즘 사상이 들어오면서 동성애까지 수용하게 된 것이다. 정부는 혐오·차별이나 성차별금지법 등을 만들어서 교회로 하여금 진리를 진리로 가르치지 못하게 했다.

둘째, 국가가 종교를 통제하는 시스템 때문이다. 독일의 경건주의 학자였던 스패너는 "국가가 교회를 통제하는 순간 교회는 멸망한다"고 했다. 그런데 북유럽 국가들이 '국가가 요람에서 무덤까지 책임진다'는 사회주의를 표방하면서 교회의 역할과 영향력이 축소됐다. 처음엔 기독교 사회주의로 시작한다고 했지만 결국 무신론적 사회주의로 전락한 것이다. 국가가 종교를 통제하고 종교가 제 역할을 못 하면 그 사회주의 속에는 권력의 독재화가 발생하기 마련이다. 그래서 북유럽 국가들이 동성애 옹호법을 통과시키려 할 때 루터교의 대주교와 지도자들은 아무런 반대도 하지 못하고 지지해 버린 것이다.

셋째, 교회가 국가의 '종교 서비스 기관'으로 전락했기 때문이다. 북유럽 교회는 말씀과 기도는 사라진 채 요가 수업을 해서 돈을 받고 관광객들에게 관람료를 받아 유지하고 있다. 그리고 국가의 정책인 마약중독자 치유, 자살 예방, 심리 상담, 난민 도우미 등 서비스 제공자 역할만 하고 있었다. 교회가 본연의 사명을 감당하지 못하니까 종교 서비스 기관으로 전락해 버린 것이다. 그러니 영적인 면에서 북유럽이 폐허와 불모, 황무지의 나라가 돼버린 것이다.

스칸디나비아의 하늘은 푸르고 맑기만 한데 사람들은 꿈을 잃고 검은 상복을 입은 채 슬픈 얼굴로 낯선 거리를 배회하는 것처럼 보였다. 거리에서 그 옛날 바이킹의 야성이 기독교 영성의 꽃을 피우던 찬란한 역사를 회고하며 우리나라의 현실을 생각해봤다. 신임 법무부 장관도 우리나라에 사회주의가 필요하다고 했고 심지어 기독교 내부에도 사회주의를 표방하는 사람이 있다. 물론 사도행전 2장에 나타난 그리스도 중심의 공동체적 섬김과 사랑의 사회주의는 가능할 것이다. 그러나 그런 사회주의는 그리스도가 중심이 되지 않고는 불가능하다. 그것은 반드시 네오마르크시스트들이 추구하는 사회주의로 전락할 것이다.

사회주의는 반드시 독재 권력을 탄생시킨다. 공유 개념, 퍼블릭 마인드, 플랫폼 정신은 한국교회가 주도해야 하지만, 그리스도의 정신이 없는 사회주의는 불가능하다. 그러므로 한국교회도 더 늦기 전에 대비해야 한다. 말씀과 기도, 영성의 불꽃이 꺼지기 전에, 네오마르크시스트들이 표방하는 무신론적 사회주의가 이뤄지기 전에 우리 모두 함께 손을 잡고 영전, 사상전, 문화전을 해야 한다.

- 2019. 9. 24. 국민일보 시온의소리

물론 교회가 정치에 참여하지 못하는 것은 아니다. 그러나 그것은 거의 기독교 국가나 다름없는 유럽이나 미국에서 가능했던 일이다. 물론 우리나라에서도 기독교의 정치 참여가 가능하다. 그러나 정치 참여는 기독교적인 세계관과 가치관을 갖고 목회자는 목회자답게 교회는 교회답게 참여를 해야 한다.

반기독교 세력의 정체와 전략을 파헤치고 한국교회를 지키는 사역에 앞장서온 이정훈 교수는 《기독교와 선거》라는 책에서 일부 한국교회의 특정 정파에 치우친 집단행동, 과격한 발언들이 한국교회의 리스크로 작용하고 있다고 지적했다. 그분들의 행동과 말은 오히려 반기독교 세력들에게 기독교를 혐오세력으로 프레임 씌우는 결과를 낳고 있다는 것이다.

목회자가 정치인도 아니면서 어느 한 정파 라인에 서서 정치인처럼 행세하고, 교회가 정치단체도 아니면서 막말을 하고 집단행동을 하면 안 된다. 그런데 특정 교회의 모습이 전체 한국교회의 모습처럼 공중파 방송과 언론에 비쳐진 것은 참 불행한 일이었다. 특히 기독자유통일당의 결과를 보고 많은 상처를 받았다. 4년 전에는 나 역시 기독자유당을 직간접적으로 도왔다. 왜냐면 보수정권도 한국교회에 대한 목소리를 듣지 않고 할랄식품산업이나 종교소득과세법안을 추진하였기 때문이다.

그래서 기독교 가치관과 세계관을 실현할 정당과 국회의원이 필요하다고 생각했다. 그러나 지금 상황은 한국교회가 너무 많은 정치적 리스크를 입었기 때문에 그때와는 달랐다. 지금의 정치적 지형,

기후, 바람의 방향을 살펴볼 때 이미 기울어진 운동장에서 경기를 하는 것과 같기 때문이다. 만일 병법의 대가인 손자가 한국교회의 지도자였다면 승산이 없는 싸움이라고 말리고 또 말렸을 것이다.

물론 우리 기독교도 처음에는 너무 한쪽으로 치우친 진보의 흐름을 견제하고 분노를 결집하며 나라를 바로잡는 순기능적 역할을 했다고 본다. 그러나 그 이후에 대안 없이 분노의 세력만을 결집하고 전략 없이 맹목적으로 가다 보니까 심판을 당한 것이다. 물론 신앙적으로만 보면 패배했다고 할 수는 없을지도 모른다. 순수하게 하나님을 사랑하고 한국교회를 지키기 위한 동기로 노력했다면 말이다.

나는 앞장서서 일했던 그분들의 신앙을 존중한다. 하지만 사회적 포지션에 있어서 교회 위상이 추락하고 이미지와 브랜드가 실추됐다는 점은 인정해야 한다. 나는 잘잘못을 떠나서 시대의 현상과 흐름을 이야기하고 있는 것이다. 앞으로 한국교회의 극단적 정치행태는 한국 사회에서 교회의 설 자리를 더 게토화하고 협착화시킬 것이다. 특히 4·15총선 결과로 볼 때 보수교회는 앞으로 여러 가지로 압박을 받거나 불리한 위치에서 존재할 수밖에 없다. 이것이 4·15총선에 나타난 한국교회 현실이다.

이럴 때 우리 보수교회는 어떤 스탠스를 취해야 하는가. 소설《남한산성》에 나오는 척화파 김상헌의 길을 갈 것인가, 주화파 최명길의 길을 갈 것인가. 물론 김상헌의 목소리를 내야 한다. 그리고 김상헌도 애국충절의 사람이었다. 그러나 과거의 마인드와 방식으로는 안 된다. 우리의 목소리를 내야 하지만, 성경적인 가치관과 세계관을 가지고 새로운 옷을 입고 새로운 방법으로 해야 한다. 그런 의미에서 최명길의 역할을 하는 사람도 있어야 한다.

정치 이야기를 하려고 하는 것은 아니지만, 보수도 뻔한 선거 전략을 가지고 서로 다투고 분열하며 막말을 일삼고 심지어 보수 유튜브까지 서로 비난하고 공격하다가 참패를 당하게 된 것이다. 한국교회는 이런 모습을 따라가면 안 된다. 교회가 세상을 바꿀 수 있는 진정한 동력은 정치적 방법이 아니라 신앙이라는 사실을 알아야 한다.

이제 한국교회도 21세기형 새로운 포맷으로 거듭나야 한다. 같은 교회, 같은 예배, 같은 설교자, 같은 교인이라도 의례적인 매뉴얼에서 벗어나 전혀 새로운 포맷, 새로운 사람, 새로운 마인드로 리포맷해야 한다. 코로나 이후에 한국교회의 최고 우선적 과제는 쓰러져 가는 교회를 다시 세우는 것이다.

시대적 사명, 처치 플랜팅(Church Planting)

오늘날 우리에게 요구되는 시대적 사명이 처치 플랜팅이다. 처치 플랜팅이 무엇인가. 교회를 세운다는 것이다. 과거 목회자들은 교회 개척을 처치 플랜팅으로 생각하고 신학교에서도 교회개척학 과목을 처치 플랜팅이라고 했다. 그러나 지금은 부흥이나 성장이라는 말이 옛 코드가 되어 버렸다. 물론 부흥 성장이 나쁘다는 것이 아니다. 당연히 교회는 부흥 성장해야 한다.

그러나 개척한 모든 교회가 부흥하고 성장하는 그런 시대는 지나

버렸다. 사회 경제도 더 이상 고속 성장이 불가능하게 된 것처럼, 교회도 고속 부흥의 시대가 끝났다고 볼 수 있다. 지금은 '천리 길도 한 걸음부터'라는 마음으로 처음부터 다시 시작해야 할 때이다. 그 시작점이 바로 플랜팅 코드다.

그러므로 목회자부터 다시 개척하는 마음으로 교회를 리빌딩, 리플랜팅해야 한다. 사람을 끌어모으려 하지만 말고 주님의 교회를 세우는 데 역점을 두어야 한다. 성장주의, 물량주의 정신으로 생계유지나 교권적 팽창을 목표로 하지 말고 복음의 확장과 처치 플랜팅에 역점을 두어야 한다. 지금은 교회가 화석화되어 정체되거나 쇠퇴하는 시기에 있다. 이러한 교회를 다시 세우는 것이다.

예컨대 우리 새에덴교회가 정체기나 쇠퇴기에 있다고 하자. 그러면 새에덴교회 안에 다시 새에덴교회를 세우는 것이다. 교회 안에 성장 동력을 일으키고 부흥의 동력을 일으키는 것이다. 그래서 다시 교회 안에 교회를 세우는 것이다. 그리고 그 동력으로 지교회를 개척한다든지 다른 지역에 교회를 세우는 것이다. 더 나아가서 한국교회 전체를 위한 공적 교회까지 세우는 것이다. 이처럼 처치 플랜팅은 교회를 세운다는 말이다. 왜냐면 주님의 교회는 계속 확장되고 확장되어가야 하기 때문이다. 그래서 성경도 이렇게 말하지 않는가.

> 엡 1:23 교회는 그의 몸이니 만물 안에서 만물을 충만하게 하시는 이의 충만함이니라

엡 4:10 내리셨던 그가 곧 모든 하늘 위에 오르신 자니 이는 만물을 충만하게 하려 하심이라

만물을 충만케 하는 자의 충만이라는 뜻은 무엇인가. 하나님의 거소를 확장해 가는 것이 무엇을 의미하는가. 그것은 교회가 하나님의 거소인데 교회를 통해서 당신의 거소와 통치영역을 확장해 간다는 것이다. 그러기 위해서 오늘 이 시대에도 끊임없이 처치 플랜팅, 교회 세움의 역사가 필요한 것이다. 그러면 어떻게 교회를 세울 것인가?

3장
코로나 이후의 교회 세움

1. 성경적 신앙, 초대교회 신앙으로 리셋(reset)하기

코로나 사태로 인하여 교회 생태계만 깨진 것이 아니라 신앙의 생태계까지 완전히 박살나 버렸다. 나는 한국교회에서 처음으로 교회 생태계라는 단어를 쓴 목사이고 교회 생태계의 중요성을 누누이 강조했다. 그리고 지금까지 한국교회 생태계를 지키는 최전선에서 싸워왔다.

그런데 코로나로 인하여 신앙의 생태계가 박살나 버렸다. 코로나 때문에 성도들이 몇 달 동안 예배도 드리지 않고 예배를 드리더라도 온라인 예배를 드리니까 공동체성의 교회론이 깨져버린 것이다. 또 유튜브를 통해서 여기저기 골라서 온라인 예배를 드리고 설교를 듣다 보니까 성도들의 신앙이 개인 취향으로 바꾸어져 버린 것이다. 그러니까 교회 간섭도 받지 않고 얼마나 편한지 모른다.

이러한 흐름은 개인주의 신앙으로 가게 되는데 결국은 개인의 신앙도 부도가 나고 함께 공멸의 길로 가는 것이다. 온라인 예배를 경험한 성도들이 전통적인 교회보다는 가상교회를 인정하려고 하고 예배도 집합성과 집례성을 부인하려는 신앙사조가 나타날 것이다. 소위 말하면 온라인 예배가 습관화되고 체질화되어버리는 것이다. 결코 이렇게 가면 안 된다. 이렇게 되면 결국 나중에는 유럽처럼 노미널 크리스천(nominal Christian)으로 바뀔 가능성이 크다.

코로나가 지금으로 끝난다는 보장이 없다. 전문가들에 의하면 코로나가 겨울에 다시 찾아온다거나 또 다른 신종 코로나바이러스가 올 수도 있다는 것이다. 코로나 백신을 개발한다 하더라도 또 다른 신종 바이러스가 나타나면 어떻게 되겠는가. 이제는 정말 한국교회가 감당할 수 없다. 그러니까 미리 선제적으로 대비해야 한다. 우리가 아무런 준비 없이 갑자기 코로나를 맞았을 때 어안이 벙벙하여 예배도 중단해 버리고 속수무책으로 당해버리지 않았는가.

이제 좀 정신이 들었는데 이미 성도들의 신앙이 다운되어 있고 교회도 반의 반 토막이 나 버렸다. 앞으로 코로나가 아니라 어떤 신종 바이러스가 온다 하더라도 우리의 교회와 신앙이 흔들리지 않도록 잘못되고 왜곡된 신앙을 버리고 성경적 신앙, 초대교회 신앙으로 리셋해야 한다. 그러기 위해 어떻게 할 것인가.

1) **첫사랑 회복시키기**

한 나라의 건국과 망국 사이에도 처음 사랑, 초심을 지키는가와 잃어버리는가에 따라 흥망과 패망의 역사가 나누어지는 것을 본다. 통일신라가 어떻게 시작되었는가. 삼국유사에 의하면 6명의 촌장이 자기들에게 왕을 내려달라고 하늘에 빌었다. 그러자 하늘에서 알이 내려왔다. 그리고 그 알에서 박혁거세가 태어나 신라 왕이 되었다고 한다. 물론 지어낸 신화에 불과한 것이지만, 어쨌든 신라의 초심이 서로 협동하고 상호 존중하고 배려하는 정신이었다는 것이다.

그런데 신라도 오랜 시간이 지나면서 초심을 잃어버렸다. 지금도 경주에 가면 포석정이라는 곳이 있다. 귀족들이 포석정에서 술잔을

띄워놓고 회전초밥을 먹는 것처럼 술잔이 계속 흘러가는 것이다. 그것을 떠먹으면서 음주 가무를 즐겼다. 우리나라의 음주문화가 거기서 시작되었다는 것이 아닌가. 그래서 민란이 일어났는데 그 민란의 가장 대표적인 두목이 왕건이었다. 신라도 초심을 잃어버리니까 망하게 된 것이다.

그러면 고려는 어땠는가. 고려도 왕건이 자주와 애민의 초심으로 시작했지만, 훗날 권문세족들이 사리사욕만 부리다가 패망했다. 그들이 백성들을 착취해 소유한 땅은 너무 넓어 말뚝을 박을 수가 없어서 산맥과 개천을 경계로 삼을 정도였다. 그래서 정도전이 민본의 초심으로 이성계를 앞세워 조선을 건국하였다. 그러나 다시 사색당파와 붕당정치에 빠져 당리당략 싸움을 하기 시작했다. 물론 붕당정치가 나쁜 것은 아니다. 정치를 발전하게 하는 하나의 시스템이기도 한데, 그 붕당정치의 중심이 민본에 있지 않고, 당리당략에 있었다는 것이 문제였다.

임진왜란을 앞두고 통신사절단이 일본을 다녀온 후 서인 쪽에서 먼저 일본이 침략을 한다고 하니까, 동인인 김성일이 절대로 일본은 침략하지 않을 거라고 주장했다. 그래서 유성룡이 김성일에게 개인적으로 진짜 일본이 침략을 안 할 것 같냐고 물어보았다. 그러자 김성일이 이렇게 말했다.

"분명히 일본이 침략을 할 것 같습니다. 그러나 서인이 침략을 한다고 하는데 동인이 동의를 해 주어서야 되겠습니까? 그래서 침략을 안 한다고 한 것입니다."

이것이 당리당략을 위한 붕당정치의 한 예라고 할 수 있다. 이렇게 조선도 초심을 잃다 보니 파벌싸움을 하다가 망하게 된 것이다.

처음 사랑을 잃어버린 에베소 교회

이것은 신앙생활도 마찬가지다. 우리도 초심을 가지면 우리의 신앙을 지키고 교회를 지킬 수 있지만, 초심을 잃어버리면 우리 자신도 망하고 교회도 쇠락하고 만다. 그래서 예수님께서도 에베소 교회를 향하여 처음 사랑을 잃어버렸다고 책망하시지 않았는가. 사실 에베소 교회는 어떤 교회보다 칭찬을 많이 받았다. 주님께서는 먼저 그들의 수고와 인내를 칭찬해 주셨다.

계 2:2(상) 내가 네 행위와 수고와 네 인내를 알고…

에베소는 우상이 드글드글하고 온갖 미신이 난무하는 도시였다. 또한 물질만능의 향락과 쾌락을 즐기는 도시였다. 그런데 에베소 교회 성도들은, 이런 곳에서 온갖 수고와 인내를 다 발휘해서 믿음을 지키려고 노력했다. 바로 주님께서 그런 그들의 수고와 인내를 안다고 칭찬하신 것이다. 또한 악한 자들과 이단을 용납하지 않았던 것을 칭찬해 주셨다.

계 2:2(하) …또 악한 자들을 용납하지 아니한 것과 자칭 사도라 하되 아닌 자들을 시험하여 그의 거짓된 것을 네가 드러낸 것과

계 2:6 오직 네게 이것이 있으니 네가 니골라 당의 행위를 미워하는도다 나도 이것을 미워하노라

에베소 교회는 진리에 대한 냉철한 분별력을 갖고 있었다. 그래서 교회 안에 슬그머니 들어왔던 이단들을 절대로 용납하지 않았다. 니골라당을 비롯한 거짓 사도와 선지자들을 당장 내쫓아 버렸다. 이것을 주님은 매우 칭찬해 주셨다. 또한 그들이 핍박을 이기고 게으르지 않았던 것을 칭찬해 주셨다.

계 2:3 또 네가 참고 내 이름을 위하여 견디고 게으르지 아니한 것을 아노라

그들은 어떤 핍박도 참고 견뎠다. 그리고 절대로 게으르지 않고 열심을 품고 주님을 섬겼다. 나태하게 신앙생활 하지도 않고, 부지런히 사명을 감당했다. 그러니 주님께서 칭찬해 주신 것이다. 그러나 에베소 교회는 주님으로부터 한 가지 심각한 책망을 받았다. 그 책망이 비록 한 가지였지만, 주님 보시기에 너무너무 심각한 것이었다. 그래서 주님은 준엄한 경고로, 에베소 교회를 사정없이 꾸짖으셨다. 그것은 바로 '처음 사랑을 잃어버렸다'는 것이다.

계 2:4-5 그러나 너를 책망할 것이 있나니 너의 처음 사랑을 버렸느니라 그러므로 어디서 떨어졌는지를 생각하고 회개하여 처음 행위를 가

지라 만일 그리하지 아니하고 회개하지 아니하면 내가 네게 가서 네 촛
대를 그 자리에서 옮기리라

만일 에베소 교회가 처음 사랑을 회복하지 않으면 주님께서 에베소 교회의 촛대를 다른 곳으로 옮겨 버리시겠다는 것이다. 얼마나 심각하고 두려운 말씀인가. 그러니까 에베소 교회가 리포맷하기 위해서는 가장 먼저 처음 사랑을 회복해야 하는 것이다. 그러므로 한국교회도 코로나 이후에 리포맷하기 위해서는 먼저 잃어버린 처음 사랑을 회복해야 한다.

과거 한국교회의 처음 사랑이 얼마나 뜨거웠는가. 은혜 안 받으면 죽는 줄 알았고 오직 예수, 오직 교회, 오직 말씀, 오직 기도의 삶을 살지 않았는가. 그런데 코로나를 겪으면서 우리의 처음 사랑이 완전히 식어져 버리고 차갑게 굳어 버리지 않았는가. 코로나 이후에 가장 먼저 다시 처음 사랑을 회복하는 운동을 펼쳐야 한다.

그러려면 목회자부터 뜨거워져야 한다. 이것은 그냥 되는 것이 아니다. 목회자의 가슴부터 뜨거워져야 한다. 나도 코로나 이후에 내 자신부터 돌아봤다. 내가 주님 앞에 첫사랑을 잃어버린 건 아닌지, 초심을 잃어버린 건 아닌지 마음을 낮추고 기도했다. 그래서 특별 새벽기도를 선포하고 나부터 먼저 기도하며 모든 예배를 내가 직접 다 인도했다. 그리고 특별 밤기도를 시작하였다. 내 가슴이 먼저 뜨거워지고 처음 사랑이 회복될 때 성도들의 가슴에 그 뜨거움이 전달되는 것을 경험할 수 있었다.

2) 영적인 목마름 회복시키기

코로나로 인하여 현장예배를 드리지 못하고 온라인 예배를 드리다 보니까 우리의 신앙 패턴도 육신적으로 돌아가 버렸다. 코로나 포비아와 블루(코로나 트라우마)로 인해 정서적으로 우울한 분위기에 휩싸이고 다운되면서 영적인 목마름마저 말라버렸다. 그러므로 코로나 이후에 목회자들은 성도들의 메마른 심령에 영적인 목마름을 회복시켜주어야 한다. 다윗은 영적으로 얼마나 하나님을 갈망하였는가. 마치 한 마리의 암사슴처럼 헐떡이는 심령으로 하나님의 은혜를 갈망하고 목말라하지 않았는가.

암사슴의 광야연가

시편 42편을 보면 다윗이 얼마나 하나님께 간절하고 애절한 광야연가를 바쳤는지 모른다. 이 시는 다윗이 자신의 아들 압살롬의 반역으로 이리저리 쫓겨 다녔던 가장 절망스럽고 어두웠던 나날에 쓴 시이다. 그는 암울했던 시절에 의지할 분이 하나님밖에 없다는 사실을 알았다. 그래서 그는 하나님을 몸서리치게 사모하기 시작하였다. 그러다가 그렇게 하나님을 사모하고 갈망하는 자기 내면의 견딜 수 없는 갈증을 오늘의 시로 표현한 것이다.

그는 어느 날 한 폭포 앞에 앉아 깊은 영적 침체와 암울에 빠진 채로 지난날을 추억한다. 하나님의 성전 안에서, 그리고 언약궤 앞에서 하나님께 기도하고 찬양하던 시절을 머릿속에 떠올렸다. 참으로 행복한 순간들이었다.

> 시 42:6-7 내 하나님이여 내 영혼이 내 속에서 낙심이 되므로 내가 요단 땅과 헤르몬과 미살 산에서 주를 기억하나이다 주의 폭포 소리에 깊은 바다가 서로 부르며 주의 모든 파도와 물결이 나를 휩쓸었나이다

그러나 이제는 다윗이 쫓겨 다니는 신세가 되었으니 그럴 수가 없다. 그러니 가슴이 찢어지고 미어질 뿐이었다. 더구나 사람들의 비웃음과 조롱이 화살처럼 그의 영혼을 괴롭히고 있었다.
"네 하나님이 어디 있느냐? 네 하나님이 정말 있고 너와 함께 한다면 너는 왜 이렇게 쫓기는 들짐승처럼 쫓겨 다녀야만 하느냐? 너는 이제 끝장난 인생이다. 네 하나님이 너를 이처럼 버려버렸지 않느냐?"

> 시 42:3 사람들이 종일 내게 하는 말이 네 하나님이 어디 있느뇨 하오니 내 눈물이 주야로 내 음식이 되었도다

이런 소리를 들어야만 하는 다윗은 불안하고 절망할 수밖에 없었다. '아! 내 인생이 이렇게 절망의 나락으로 떨어지고 있단 말인가?' 그때 그의 앞에서 떨어지는 폭포소리는 깊은 바다를 부를 정도로 요란하게 들려왔다. 그리고 우렁차게 떨어지는 폭포소리는 마치 불안과 공포와 낙망에 떠는 자신의 가련한 영혼의 절규처럼 느껴졌는지도 모르겠다.

그때 다윗은 이 폭포 소리와 함께 하나님을 향한 깊은 갈증을 느끼기 시작하였다. 그리고 하나님을 향한 견딜 수 없는 목마름을 느끼면서 떨어지는 폭포 소리보다 더 우렁찬 소리로 하나님을 힘껏 불러보고 싶었다. 마치 목마른 사슴이 시냇물을 갈망하다 그 목마름을 견딜 수가 없어 울부짖었던 것처럼 그 역시 타는 갈증의 몸부림으로 하나님을 소리쳐 불러보고 싶었단 말이다.

"하나님! 당신을 찾습니다. 애타게 갈망합니다. 당신이 너무 그리워 절규합니다."

다윗같이 훌륭한 하나님의 사람의 생애에도 이런 어둡고 슬픈 시간이 있었다. 그러나 이런 어둡고 슬픈 나날들이 목마른 사슴처럼 그렇게 하나님을 갈망하게 하고 갈급하게 했던 것이다. 그래서 그는 마치 새끼를 밴 암사슴처럼 하나님을 갈망하였다. 시편 42편에 나오는 사슴이란 단어는 히브리어 문법상 '타하로그'라는 여성동사와 연결되어 있어서 수사슴이 아니라 암사슴으로 번역해야 한다.

사슴은 열이 많은 동물이어서 물을 많이 마셔야 한다. 수사슴은 뿔이 있고 다리 힘이 강해서 맹수들이 쫓아와도 잘 도망간다. 그러나 새끼를 배어 몸이 무거운 암사슴은 그렇지 않다. 더구나 그 암사슴이 목이 말라 있는 상태다. 이스라엘의 암사슴은 주로 비가 오지 않는 건기 때 잉태를 하였다. 그러니 물이 없어서 얼마나 목이 마르겠는가.

새끼를 밴 암사슴은 이리저리 물을 찾아 헤매고 있다. 그런데 불행하게도 맹수들은 물이 있는 곳에 몸을 숨기고 암사슴이 오길 기다리고 있다. 새끼를 밴 암사슴은 몸이 무거워 잘 달리지 못하기 때문이다. 그러니 암사슴은 어지간하면 목이 말라도 참는다. 그러나 참는 데도 한계가 있지 않겠는가.

그래서 이때 간혹 암사슴은 갈증을 견디다가 그만 죽는 경우도 있다. 건기 때니 뜯을 풀도 흔치 않고 마실 물은 더더욱 없으니 암사슴은 맹수를 피하며 이 산 저 산, 이 골짜기 저 골짜기를 다니며 물을 찾아 헤맨다. 마침내 참다 참다 못한 암사슴은 물을 마시고 싶어 울부짖는다.

다윗이 바로 자신의 모습을 이 가련한 한 마리의 암사슴과 동일시하여 자신이 한 마리의 암사슴처럼 하나님으로 목말라 있고 하나님을 찾기에 헐떡거리는 심정임을 고백하고 있다.

> 시 42:1 암사슴이 시냇물을 찾듯이, 하나님, 이 몸은 애타게 당신을 찾습니다.(공동번역)

"하나님! 저는 당신으로 목말라 있습니다. 마치 물을 찾아 헤매는 한 마리의 암사슴처럼 저는 당신으로 갈증 나 있습니다. 저는 당신이 없으면 못 삽니다. 당신이 그리워 애만 태우고 있습니다. 이 몸 애타게 당신을 갈망하고 있습니다."

이처럼 다윗은 물을 찾아다니다 지쳐 있는 한 마리의 암사슴처럼, 아니면 물도 못 마신 채 맹수에게 쫓겨 다니다 지칠 대로 지쳐 소리치는 암사슴의 절규처럼, 떨어지는 폭포 앞에서 암사슴의 심정으로 이렇게 외치고 있었던 것이다. 오늘 우리도 영적인 사슴이 되어야 한다. 아니 다윗처럼 하나님만을 찾아 애타게 갈망하고 그리워하는 사슴이 되어야 한다. 하나님이 없으면 못 산다고, 나는 하나님밖에 없다고 고백하는 영적인 사슴이 되어야 한다.

영적인 암사슴 초대교회 성도들

초대교인들은 모두 영적 사슴으로 살아갔다. 로마시대에 성도들이 숨어서 예배하며 살았던 카타콤 동굴에 가보면 지금도 그들이 그려놓은 몇 가지 형상이 있다. 가장 많은 것이 물고기 형상이고 또 가끔 사슴 형상이 보이곤 한다. 오직 하나님을 목마른 사슴처럼 사모했고 갈망했다는 신앙고백의 표시로 사슴을 그려놓은 것이다.

특별히 그들은 그렇게 살다가 죽은 그 성도의 시체를 땅에 묻으면서 그곳에 사슴 형상을 그려 놓았다. 이 사람은 살아생전에 하나님을 목마르게 사모했던 사람이라고, 하나님 없이는 못 살고 오직 하나님만 갈망하며 애모하다 죽은 사람이라는 표식으로 사슴 형상을 그려 놓았던 것이다.

사슴은 날카로운 발톱이나 이빨도 없다. 다리가 길고 목이 가느다란 가냘픈 초식동물이다. 그래서 청초한 이슬을 먹고 깨끗한 물만 마시며 가장 높은 곳에 올라가서 먼 하늘 쪽을 바라보는 것이 사슴이다. 초대교회 성도들이 바로 그런 신앙을 가졌던 것이다. 비록 깜깜한 동굴에서 살았지만 청초한 이슬을 먹고 하늘의 만나를 먹고 살았다. 그리고 눈과 마음은 저 하늘에 있었고 하나님 없이는 못 사는 사슴 같은 사람들이었다.

목마름이 없는 현대 그리스도인

오늘 우리는 어떤가? 코로나 사태를 겪으면서 우리의 모습은 어떠한가. 아니, 어떻게 변화하였는가. 우리 안에 하나님을 향한 영적인 목마름이 소멸되어 버리지는 않았는가. 암사슴이 갈급하다는 말은 '헐떡거린다'(pant for)는 말이다. 그렇다면 우리 안에도 하나님과 주님을 향한 헐떡거림이 다시 솟아나야 한다.

현대 그리스도인의 비극은 하나님을 향한 사모하는 마음을 잃어버린 데 있다. "하나님을 사모합니다, 하나님을 갈급해 합니다, 하나님으로 목말라 있습니다" 이런 말들이 우리 안에 새로운 부담과 거리감 있는 언어로 바뀌어 버렸다.

과거의 유럽 사람들은 한국교회 성도들보다 더 하나님을 사모하고 갈망했다. 우리보다 더 큰 영적 부흥을 경험한 사람들이다. 그런데 그들이 지금은 얼마나 하나님을 사랑하고 있는가? 오히려 하나님을 대적하는 바벨탑을 쌓고 교회를 해체하는 법안들을 만들지 않는가? 서유럽, 동유럽뿐 아니라 북유럽도 마찬가지다. 과거 그들이 얼마나 하나님을 갈망하고 사모했던 나라들이었는가. 그런데 그렇게 은혜를 사모하고 영적으로 목말라하던 북유럽의 나라들이 지금은 어떻게 되었는가? 기독교의 껍데기만 남아 있지, 주일날 교회에 나가는 사람이 거의 없다.

겉은 화려하지만 영적으로 사막화되어 버린 것이다. 목사도 국가에서 월급을 받는 종교 공무원이요 교회는 종교 서비스 기관이 되어버렸다. 그래서 지금은 하나님도 필요없고 은혜도 필요없는 지상낙원이 되어버렸다. 오죽하면 스칸디 스타일이라는 말이 나왔겠는가. 요람에서 무덤까지 복지가 잘 되어 있어서 너무 살기 좋은 나라가 되었다. 그래서 북유럽 사람들은 일생에 딱 세 번 교회에 간다고 한다. 태어나서 유아세례를 받기 위해 나가고, 결혼식 때 주례를 받기 위해 나가며, 그리고 죽어서 장례식 하기 위해 시체로 간다는 것이다.

그런데 어느 때부턴가 한국교회에도 스칸디적 삶이 들어오다 보니까 과거와는 많이 달라졌다. 옛날에는 얼마나 허리띠를 졸라매며 새벽마다 차가운 마룻바닥에 눈물을 쏟으며 은혜를 달라고 기도했는가? 여름이나 겨울이나 기도원이 은혜를 사모하는 성도들로 미어터졌는데 지금은 그런 모습을 전혀 찾아볼 수 없다. 신앙이 너무나 도덕적이고, 종교적이며, 지성적인 신앙으로 바뀌어버렸다.

우리는 어느 때부턴가 사슴의 영성은 내던져 버리고 자꾸 마스크나 가면을 쓰기를 좋아했다. 그러니 겉으로는 부족함이 없는 것처럼 보인다. 그저 평온하고 아무 일도 없는 것처럼 애써 태연하게 미소를 지으려 한다. 그러나 가슴 깊이 파고드는 알 수 없는 공허와 공백, 끝없이 목말라오는 영적인 갈증, 그래서 뭔가를 채우고 채워도 채워지지 않는 텅 빈 공허가 계속될 뿐이다.

오늘 우리는 얼마나 주님을 사모하고 있는가? 정말 다윗처럼 주님을 향한 영적인 헐떡거림이 있는가? 주님을 향한 목마름이 있는가?

코로나 이후에 우리의 신앙을 리포맷하기 위해서는 다윗처럼 한 마리의 갈급한 암사슴이 되어 영적인 목마름을 회복해야 한다.

목회자부터 하나님을 갈망해야 한다. 낮에도 그렇고 밤에도 그렇고 시간을 내어서 텅 빈 교회당에 와서 엎드려서 기도해야 한다. 한 마리 암사슴이 되어 울고 또 울며 하나님의 은혜를 사모해야 한다. 너무 사역에 바쁘고 분주하다 보니까 나부터도 매너리즘에 빠진 것 같았다. 그래서 코로나 이후에 나부터 먼저 하나님을 갈망하려고 몸부림쳤다.

주일1-5부예배, 주일저녁예배, 새벽기도, 수요1, 2부예배, 금요철야기도회까지 모든 공예배를 직접 인도하며 주님을 사모했다. 성도들과 함께 코로나 기간 동안에 우리가 너무 안주하지 말고 오히려 더 영적인 목마름을 갖자는 의미로 "영혼의 장막을 뉴 포맷하라"는 주일설교를 하였다. 전체 설교 본문을 소개한다.

영혼의 장막을 뉴 포맷하라
[2020년 3월 29일 주일예배]

시편 84편 1-5절

만군의 여호와여 주의 장막이 어찌 그리 사랑스러운지요 내 영혼이 여호와의 궁정을 사모하여 쇠약함이여 내 마음과 육체가 살아 계시는 하나님께 부르짖나이다 나의 왕, 나의 하나님, 만군의 여호와여 주의 제단에서 참새도 제 집을 얻고 제비도 새끼 둘 보금자리를 얻었나이다 주의 집에 사는 자들은 복이 있나니 그들이 항상 주를 찬송하리이다 (셀라) 주께 힘을 얻고 그 마음에 시온의 대로가 있는 자는 복이 있나이다

여러분, 대한민국을 떠들썩하게 했던 미스터트롯이라는 방송을 보셨습니까? 미스터트롯이라는 방송이 얼마나 유명했냐면, 93년이라는 방송 역사상 연예 프로그램 중 최고의 시청률을 올린 새로운 포맷 방송이었습니다. 오죽하면 이 코로나 위기 상황 속에서도 미스터트롯을 보는 재미로 세상을 산다는 말이 나돌았겠습니까?

이 프로그램에서 우리 남진 장로님께서 최고의 마스터로 출연하셔서 더 빛나는 방송이 되었는데요. 사실 우리는 트로트를 너무 많이 들어왔고 익숙해 있었습니다. 그러나 너무 익숙하다 보니까 아무리 유명한 가수들이 노래를 불러도 너무 전형적이고 옛날 추억의 느낌만 갖게 하였습니다.

더구나 저는 트로트보다는 발라드 스타일의 노래를 좋아했습니다. 물론 트로트 중에도 좋은 노래가 많지요. 우리 남진 장로님의 노래를 들어보면 정말 긍정적이고 좋은 노래가 많잖아요. 그런데 트로트 중에서도 뽕짝의 노래가 있는데 그것을 안 좋아한다는 것이지요. 발라드는 노래가 중후하고 그렇지 않습니까? 그래서 발

라드는 정서적인 깊은 부분을 조용하게 터치해주는 음악적 기능이 있지 않습니까? 그래서 저는 혼자 산행을 할 때 찬송가를 듣기도 하지만 발라드를 듣습니다. 특별히 이선희의 '추억의 책장을 넘기면'이라든지, '갈바람', '아! 옛날이여'를 들을 때가 있습니다.

저는 청소년 시절 신학교를 간다고 집에서 쫓겨났지 않습니까? 저는 청춘의 때를 단 한 번도 눈을 돌리지 않고 하나님께 헌신을 했습니다. 광주신학교를 다니며, 시골에 백암교회를 개척하며 또 맨손, 맨발로 서울 가락동으로 올라와 개척을 했던 그 젊음의 시절이 주마등처럼 스쳐가지요. 그때 나름대로는 하나님께 내 인생을 드린다고 했지만 지금 생각해보면 내가 하나님께 더 잘할 걸, 주님께 더 헌신할 걸 하는 마음이 들어요. 그래서 '아! 옛날이여'라는 노래를 들으면 그때 그 시절이 생각나지요.

♪ 아 옛날이여 / 지난 시절 다시 올 수 없나 그날
   아 옛날이여 / 지난 시절 다시 올 수 없나 그날
   오 오 오 / 아 옛날이여

그런데 TV조선은 자칫 추억의 시절만을 느끼게 하거나, 올드 포맷으로 전형화될 뻔했던 트로트를 전혀 다른 형태의 트로트, 즉 21세기형 새로운 포맷의 트로트를 구상한 것입니다. 한 마디로 트로트의 올드 패션을 뉴 패션으로 대변신시켜 보자는 거였습니다. 그러나 이러한 프로그램을 준비하는 게 만만치가 않습니다. 어찌 보면 가장 불확실하고 막연한 목표였기 때문입니다.

그렇지만 지상파 방송도 아닌 종편방송이 가장 불확실하고 막연한 목표를 가장 확실하고 분명한 목표로 바꾸어 버렸습니다. 이 프로그램을 준비하기 위해서 50여 명의 전문 인력이 투입되었다고 합니다. 50여 명이 프로그램을 설계하는 데만 해도 3개월이 걸렸고요. 참가자를 면접하는 데만 해도 3개월이 걸렸다는 것입니다.

그리고 그 지원자가 총 1만 2천 명이었는데 그중에서 101명을 선발했다고 하잖아요. 선발 기준은 먼저 노래도 잘해야 하지만 눈물겨운 사연과 감동의 스토리가 있는 사람이어야 했다고 합니다. 그리고 이 101명을 집단 합숙시키며 전혀 새로운 형태의 노래를 부르도록 훈련을 시켰다는 것입니다.

옛날 선배들이 불렀던 노래에 새로운 감성과 스토리를 입혔다는 것입니다. 이렇게 노래를 연습시키고 훈련시키는 동안 또 다른 한쪽에서는 조명, 자막, 분야별 최고의 전문가들이 전체 분위기를 바꾸는 준비작업을 하였습니다. 특별히 초일류 작가들은 프로그램 사이사이에 모든 참가자들의 스토리를 스킷으로 제작해서 소개를 해 주었습니다.

이렇게 해서 평범한 출연자들을 놀라운 괴물로 변화시켰고 뻔한 포맷을 새로운 포맷으로 바꾸어나갔습니다. 물론 그들 중 다른 TV 여러 프로그램에 출연한 가수들도 있었습니다. 그래도 뜨진 않았습니다. 그러나 미스터트롯은 그런 무명가수들을 마치 흙에서 캐낸 다이아몬드처럼 트로트의 영웅으로 만들어 준 것입니다.

그러니 40% 가까운 시청률을 올릴 수밖에 없었던 거예요. 오죽하면 시청자들이 방송을 놓칠 수가 없어서 화장실을 다녀와야 하는데도 화장실을 못 갈 정도였겠습니까? 물을 마시러 가도 눈을 TV 화면에서 떼지 않고 뒷걸음질 치며 물을 마시고 왔다고 하잖습니까.

한마디로 시청자들을 3시간 동안이나 꼼짝도 못하게 사로잡아 버린 것입니다. 그리고 최종결선에서 700만 명이 넘게 투표를 하다가 서버가 다운되어 버릴 정도로, 전 국민적인 관심을 폭발시켰습니다. 무엇보다 임영웅과 영탁이와의 결선은 손에 땀을 쥐게 하지 않았습니까?

특히 진을 차지한 임영웅 씨는 바로 결선 날이 아버지의 기일이었다고 합니다. 임영웅 씨는 다섯 살 때 아버지가 돌아가시고 홀어머니 밑에서 자랐어요. 초등학생 때 다쳐서 얼굴에 큰 부상을 입었지만 제대로 수술을 받지 못해서 지금도 얼굴에 흉터가 있을 정도로 가난하고 외롭게 자랐습니다.

그런데도 모진 무명가수의 서러움을 이겨내고 미스터트롯 진이 된 거예요. 이러한 임영웅 씨의 모습을 보면서 사람들이 노래뿐만 아니라 애틋한 스토리에 감동을 받고 눈물을 흘렸습니다. 그런데 저는 임영웅 씨를 보면서도 감동을 받았지만, 제 가슴을 더 찌릿하게 만든 것은 정동원이었습니다. 세상에, 초등학교 6학년 어린 녀석이 남진 장로님의 '우수'라는 노래를 불러댔다니까요.

여러분, '우수'라는 노래는 옛날 손수건 없이는 볼 수 없는 "형수"라는 영화의 주제곡이었습니다. 거기에 남궁원과 고은아가 부부였는데, 어느 날 남궁원이 교통사고로 죽어버립니다. 고은아는 슬픔에 잠겨서 헤어날 수가 없었습니다. 그때 시동생 남진이 형수에게 다가가 위로해줍니다. 그렇게 위로해주다가 시동생이 형수에게 연모하는 정을 느끼게 돼요.

형수도 시동생 남진에게 사랑을 느끼게 됩니다. 남진 장로님이 얼굴 잘생겼지요, 마음씨 착하지요. 그러나 서로 사랑할 수는 없지 않습니까. 그런데 서로 마음이 가는 걸 어떡합니까? 그래서 시동생 남진은 형수를 잊기 위해 비행기를 타고 미국으로 떠납니다. 남진도 울고 고은아도 울어요. 그리고 그 순간 이 노래가 흘러나옵니다.

♪ 맺지 못할 인연일랑 생각을 말자 / 마음에 다짐을 받고 또 받아
한 백번 달랬지만 어쩔 수 없네…흑흑흑…

그런데 초등학교 6학년짜리 애가 이 노래를 불렀습니다. 지가 뭘 안다고요. 감정도 잘 넣어서 불렀습니다. 그러니 전 국민이 열광할 수밖에요.

♪ 잊으려 해도 잊지 못할 그대 모습 그려볼 때
밤비는 끝없이 소리 없이 내 마음 들창가에 흘러 내린다

저는 이런 정동원이를 보는 순간 제 어린 시절이 생각났습니다.

저도 어린 시절에 콩쿠르 대회에 나가서 최희준의 '하숙생'을 불렀거든요. 제가 인생을 뭘 안다고 하숙생이라는 노래를 불렀으며 상여 나갈 때 망가를 노련하게 불렀겠습니까?

♪ 어젯밤에는 안방에서 잤건만 오늘 저녁은 북망산천
 어이노 어이노 어이가리 어이노
 황천길에는 노자가 없어서 배가 고파서 못 가겠네
 어이노 어이노 어이가리 어이노

아무튼 어린 정동원이가 정말 약방의 감초 노릇을 하였습니다. 그 약방의 감초 때문에 수천만의 국민이 감동을 받은 거지요. 그런데 저는 이 이야기를 듣고 "이거다" 하고 무릎을 쳤습니다. 제가 순간 한국교회를 생각하였기 때문입니다. '우리 한국교회도 어떻게 하면 미스터트롯과 같은 교회가 될 수 있을까? 한국교회도 뻔한 예배, 뻔한 설교, 뻔한 교회를 어떻게 뉴 패션, 뉴 포맷으로 바꿀 수는 없을까?'라는 생각을 가진 것입니다.

지금 세계 모든 사람들은 코로나로 인해 공포에 떨고 있습니다. 그렇다고 지금은 어느 곳으로도 피할 곳이 없습니다. 과거에는 이러한 공포감이 들 때면 해외로 도피하기도 했습니다. 그러나 해외 어디로도 피할 곳이 없습니다. 그렇다고 국내 어느 장소도 안전한 곳이 없습니다.

심지어는 어느 누구도 믿을 수가 없습니다. 언제 어떤 사람을 통해서 감염이 될지 모릅니다. 심지어는 자기 가족도 믿을 수가 없습니다. 아니 자기 자신도 믿을 수 없는 상황이 되어버리고 말았습니다. 더더욱 가슴 아픈 것은 교회라는 장소도 믿을 수 없게 되어버렸습니다.

그래서 코로나 위기가 끝나면 철저한 자기중심의 문화로 바뀌게 될 것입니다. 집단적 공동체 문화는 철저하게 개개인의 문화로 변화될 것입니다. 그리고 정신적인 가치나 영적인 가치보다는 현물만능주의로 가게 될 것이 뻔합니다.

그러므로 이러한 사회가 되면 될수록 사람들은 더 불안하고 두려워할 수밖에 없습니다. 아무리 현물을 많이 가지고 있다 하더라도 그것이 사람을 100% 안심시켜 줄 수 있겠습니까? 그렇다고 자기가 자신을 믿고 의지할 수 있겠습니까?

이런 사회가 오면 올수록 사람은 누구나 진짜 믿을 수 있는 대상은 하나님밖에 없고, 정말 피할 곳도 하나님 품이라는 사실을 깨닫게 될 것입니다. 그래서 시편 기자는 이렇게 고백하지 않았습니까? "하나님만이 우리의 피난처시요 환난 중에 만날 큰 도움"이라고 말입니다.

시 46:1 하나님은 우리의 피난처시요 힘이시니 환난 중에 만날 큰 도움이시라

여러분, 그렇다면 하나님을 섬기는 교회가 현대인의 진정한 피

난처가 되게 할 수는 없을까요? 몸 된 교회가 현대인의 영혼의 안식처가 되게 할 수는 없을까요? 일제강점기에 한국교회가 민족의 소망이었던 것처럼, 산업화, 근대화 시절에 교회가 영혼의 안식처로 느껴졌던 것처럼 오늘날도 사람들이 찾아오고 싶어 하는 교회가 될 수는 없을까요?

그런데 왜 사람들은 교회에서 예배드리는 것을 지나치게 염려하고 불안해야 한단 말입니까? 아니, 교회에서 예배드리는 일을 혐오스럽게 생각해야 한단 말입니까? 이유는 우리 때문입니다. 예배는 정말 신성한 것인데, 우리가 예배의 신성한 가치를 잃어버리고 너무 뻔한 예배를 드렸고 너무나 뻔한 교회의 모습을 보여주었기 때문입니다.

그러니까 현대인들이 교회를 찾아오지 않을 뿐만 아니라 예배드리는 모습을 혐오하고 공격합니다. 저는 이러한 현실이 너무 안타까웠어요. 얼마 전만 해도 코로나포비아(coronaphobia)란 말이 유행이었는데, 요즘은 코로나블루(coronablue, 코로나 우울증)라는 말이 생겨나고 있습니다. 사람들은 처음엔 코로나가 두려웠습니다. 그러나 지금은 코로나가 언제 끝날까 하는 코로나 우울증에 걸려 있어요.

이것을 해결해줄 수 있는 곳이 어디인지 아세요? 사실은 교회 밖에 없어요. 그런데 교회가 그런 역할을 하기 위해선 교회가 예배 포맷을 올드 패션에서 새로운 감동과 은혜가 넘치는 뉴 홀리 패션으로 바꾸어야 합니다. 뻔한 포맷에서 뉴 포맷으로 바꾸어야 해요. 다시 말하면, 교회의 모습을 21세기형 새로운 포맷으로 바꾸어야 합니다.

그러기 위해서는 저부터 으레 해왔던 설교에 더 새로운 감성과 생명을 불어넣어야 합니다. 여러분도 뻔하게 해 왔던 신앙생활, 으레 해 왔던 신앙생활을 진짜 다시 한번 감동과 감격이 가득 찬 신앙생활로 바꾸어야 해요. 그래야만이 한국교회가 소망이 있고 민족의 정신적, 영적 지도를 그려줄 수가 있습니다.

오늘 이 예배에 나오신 분이든지, 집에서 온라인 예배를 함께 드리는 분들도 이러한 축복을 사모하시면 "아멘" 하시기 바랍니다. 진짜 우리부터 새로워지기를 원하시면 "아멘" 하시기 바랍니다. 우리부터 뉴 패션의 성도가 되고 뉴 포맷의 교회를 이루기를 간절히 원하시면 "아멘" 하시기 바랍니다.

♪ 교회를 교회 되게 예배를 예배 되게 우릴 사용하소서
　　진정한 부흥의 날 오늘 임하도록 우릴 사용하소서
　　성령 안에 예배하리라 자유의 마음으로
　　사랑으로 사역하리라 교회는 생명이니
　　교회를 교회 되게 예배를 예배 되게 우릴 사용하소서
　　진정한 부흥의 날 오늘 임하도록 우릴 사용하소서
　　진정한 부흥의 날 오늘 임하도록 우릴 사용하소서 우릴 사용하소서

여러분, 정말 이런 코로나포비아(공포)와 코로나블루의 상황 속

에서 현대인들이 교회를 영혼의 안식처와 피난처로 느끼게 하는 교회의 모습을 보여줄 수는 없을까요? 그리고 코로나 위기가 끝나면 기다렸다는 듯이 전국에 흩어져 있는 지역주민들이 가까운 지역교회로 도떼기시장처럼 몰려들게 할 수는 없을까요?

그 비결을 오늘 본문에서 다윗이 가르쳐주고 있습니다. 그것은 우리가 먼저 예배를 사모하고 주님의 장막을 사모하는 마음을 가져야 한다는 사실입니다. 다윗은 불행하게도 아들 압살롬의 반란으로 인하여 궁궐에서 도망을 가 광야로 피신을 했습니다. 그는 가까스로 목숨을 연명하면서 광야를 유랑하고 있었습니다.

이때 다윗은 정말 잊을 수 없었던 곳이 있었습니다. 그곳은 자신의 궁궐도 아니었고 왕좌도 아니었습니다. 그곳은 하나님의 언약궤가 있었던 주의 장막이었습니다. 그는 매일 하나님의 언약궤 앞에 가서 엎드려 기도하고 찬양을 하던 습관이 있었거든요.

그런데 그 일을 할 수 없었던 것입니다. 그래서 그는 꿈에도 하나님의 장막을 그리워하고 있었습니다. 그가 얼마나 하나님의 장막을 사모했는지 몸과 영혼이 쇠약해 버릴 정도였습니다. 그는 몸과 영혼이 쇠약할 정도로 하나님의 성전을 그리워하였습니다. 하나님의 성전을 향한 영혼의 상사병이 든 것입니다.

시 84:1-2 만군의 여호와여 주의 장막이 어찌 그리 사랑스러운지요 내 영혼이 여호와의 궁정을 사모하여 쇠약함이여 내 마음과 육체가 살아 계시는 하나님께 부르짖나이다 다윗은 하나님의 장막에서 집을 짓고 살던 참새와 제비가 부럽게 느껴졌습니다. 옛날에는 시골집 처마에 제비들이 다 집을 지었잖아요. 그런데 하나님의 장막에 집을 짓고 살던 그 참새와 제비가 그렇게 부러운 거예요.

시 84:3 나의 왕, 나의 하나님, 만군의 여호와여 주의 제단에서 참새도 제 집을 얻고 제비도 새끼 둘 보금자리를 얻었나이다

그 주의 장막에서 기도하고 찬송하고 예배드리던 때가 그리워지는 것입니다. 그립지만 당장 주의 장막으로 갈 수는 없는 처지였어요. 마치 여러분이 교회에 와서 예배드리고 싶어도 코로나 때문에 올 수 없는 형편과도 같았습니다. 그래서 다윗은 지금 주의 장막을 사모하며 하나님의 언약궤 앞에서 찬송을 드리던 때를 생각하고 있습니다.

♪ 주의 성전 안에서, 주의 성전 안에서
　　주 사랑을 생각하나이다
　　주의 사랑을 생각하나이다

시 84:4 주의 집에 사는 자들은 복이 있나니 그들이 항상 주를 찬송하리이다

그뿐 아닙니다. 그는 주의 장막에서 한 날이 다른 곳에서의 천 날보다 낫다고 고백합니다. 그리고 악인의 장막에서 부와 영광을 누리며 사는 것보다 하나님의 성전에서 문지기로 있는 것이 더 좋다고 고백하고 있습니다.

시 84:10 주의 궁정에서의 한 날이 다른 곳에서의 천 날보다 나은즉 악인의 장막에 사는 것보다 내 하나님의 성전 문지기로 있는 것이 좋사오니

여러분, 그는 이스라엘의 왕입니다. 비록 그가 역모로 인하여 아무리 광야에 쫓겨 다니고 있다 할지라도 아직도 그는 이스라엘의 왕이었어요. 그런데 이스라엘의 왕인 그가 얼마나 하나님의 장막을 사모했으면 하나님의 성전에 문지기로라도 있기를 원하고 있겠어요. 이 얼마나 위대한 고백입니까?

여러분에게도 다윗처럼 이러한 하나님의 집을 향한 사모함이 있습니까? 예배를 향한 갈망이 있습니까? 하나님을 향한 목마름의 영적 욕구를 느끼고 있습니까? 아니, 하나님의 장막에 와서 문지기를 하고 싶을 정도로 하나님의 집에 거하기를 갈망하고 있습니까?

특별히 온라인 예배를 드리고 있는 분들이여, 여러분의 육체가 병이 날 정도로 하나님의 집에 와서 예배드리기를 갈망하고 있습니까? 하나님의 집 문지기가 되고 싶을 정도로 주의 장막을 사모하고 있습니까?

바로 이런 갈망하는 마음이 뻔한 예배가 아니라 새로운 포맷의 예배를 드릴 수 있게 하는 것입니다. 영혼의 깊은 곳을 터치하며 가슴을 울렁거리게 하는 예배를 드리게 합니다. 그리고 이렇게 우리가 사모하는 마음과 새로운 존재로 예배를 드릴 때 교회가 세상 사람들 앞에 새로운 모습으로 비춰지게 됩니다. 새로운 포맷의 교회로 보이게 됩니다.

그러므로 여러분, 여러분이 먼저 예배를 갈망하시기 바랍니다. 교회를 사모하시기 바랍니다. 다윗처럼 지금은 여러분이 저 영혼의 광야에 격리가 되어 온라인 예배를 드리고 있다 할지라도, 그럴수록 예배를 사모하는 마음을 축적하시기 바랍니다. 교회를 오고 싶어 하는 마음을 농축시켜 놓으시기 바랍니다. 영혼의 상사병이 들 정도로 하나님께 나아오는 것을 갈망하시기 바랍니다.

♪ 목마른 사슴 시냇물을 찾아 헤매이듯이
  내 영혼 주를 찾기에 갈급하나이다
  주님만이 나의 힘 나의 방패 나의 참 소망
  나의 몸 정성 다 바쳐서 주님 경배합니다

그러면 다윗은 왜 이렇게 하나님의 장막을 사모했습니까? 그는 하나님의 집에 나아갈 때마다 항상 자신의 마음에 시온의 대로가 열렸기 때문입니다.

시 84:5 주께 힘을 얻고 그 마음에 시온의 대로가 있는 자는 복이 있나이다

여러분, 시온의 대로가 뭔지 아십니까? 시온의 대로는 저 광야에서든지 예루살렘에서든지 모든 예루살렘 성전으로 가는 그 길을 시온의 대로라고 했습니다. 그런데 오늘 본문은 이 시온의 대로를 하나님과의 소통 혹은 하나님의 은혜와 축복이 오는 길에 대한 하나의 상징적 표현으로 기록하고 있습니다.

다윗이 하나님의 집에 가서 찬양하고 기도할 때면 그 하나님의 보좌와 자신 사이에 시온의 대로가 열립니다. 언제든지 찬양을 하면 찬양이 하늘 보좌에 올라갑니다. 그러면 하나님이 찬양을 받으시고 내 마음속에 생수 같은 시원한 은혜와 평강이 내려오는 것입니다.

정서의 순화만 이루어지는 것이 아니라 영혼의 정화까지 이루어집니다. 하나님의 보좌와 나 사이에 시온의 대로가 연결되기 때문에, 마음의 평화가 넘치고 마음의 행복감과 기쁨이 넘치는 것입니다.

특별히 하나님의 전에 와서 "아버지" 하고 기도하면 "오냐" 하는 것입니다. "아버지" 하면 "오냐" 하십니다. 하나님께서 "내가 너를 사랑한다, 내가 너의 마음을 안다" 말씀해 주시는 것입니다.

♪ 아버지 불러만 봐도 그 사랑에 눈물이 나요
  나 같은 죄인을 사랑하신 아버지 (중략)
  아버지 아버지 내 영혼 깊은 곳에서
  불러보는 내 아버지 나의 아버지
  이 생명 다하는 그날까지 지키시고
  인도하실 참 좋으신 나의 아버지

이렇게 마음에 시온의 대로가 열리는 예배를 경험하는 성도들이 많으면 우리 사회도 정화될 것입니다. 이런 아름다운 마음들, 정화된 마음들이 세상에 나가면 그 정결한 영혼의 영향력을 행사하게 됩니다.

뉴욕 맨해튼에 센트럴파크를 만들자고 했을 때, 수많은 사람들이 그 비싼 땅에 무슨 공원을 만드냐고 반대를 했습니다. 사실은 그 공원이 여의도 세 배 만한 크기거든요. 그러자 많은 사람들이 그곳에 높은 건물을 지어 수익을 내자고 했습니다. 그때 센트럴파크를 설계한 옴스테트가 이런 말을 했습니다.

"여러분, 지금 이곳에 공원을 만들지 않는다면, 100년 후에는 이 너비의 정신병원을 만들어야 할 것입니다."

뉴욕 맨해튼에 센트럴파크가 있기 때문에 사람들의 마음과 정서가 정화되어 정신병원을 안 지어도 되는 거예요. 여러분, 뉴욕이라는 도시가 가장 바쁜 도시입니다. 그렇게 바쁘게 살다가 센트럴파크를 걸어가면서 좋은 노래를 부르면 얼마나 가슴이 탁 트이겠습니까? 정서가 순화되고 마음이 정화될 것이 아니겠어요?

♪ ♩ 스치는 바람에 ♩ 그대 모습 보이면
　난 오늘도 조용히 그댈 그리워하네~

이런 노래를 부르는데 기분 나빠할 사람이 어디 있겠습니까? 마음이 순화되고 정화되는데. 그래서 공원도 필요하고 산책도 필요하고 좋은 음악이 필요한 것입니다. 하물며 하나님의 장막에서 신령한 노래를 부르고 찬양을 한다면 얼마나 시온의 대로가 활짝 열리겠습니까? 그리고 시온의 대로가 활짝 열리고 신령한 체험을 하는 성도들이 많으면 많을수록 이 세상은 더 아름답게 정화가 됩니다. 사회가 더 정결하게 순화됩니다.

뿐만 아니라 그런 사람은 빛과 소금의 삶을 살게 됩니다. 이런 사람은 수직적 신앙을 가지고 예배를 목숨 걸고 지킬 뿐만 아니라, 수평적 신앙으로 이웃의 생명을 존중히 여기고 배려하며 섬기는 모습을 보이게 되어 있습니다. 아니, 하나님께서 그런 시온의 대로를 마음에 품고 있는 사람을 통하여 이 세상에 복을 주십니다. 시대와 사회에 복을 주십니다.

그러므로 오늘 우리는 너무 이기적인 모습만 보이지 말고 마스크가 하나라도 더 있으면 나누고 이웃의 아픔에 동참해야 합니다. 그래서 우리 교회는 맨 먼저 대구·경북지방에 손 소독제를 보냈고 주변 교회들에게 소독 분무기를 사서 보냈습니다. 우리가 이렇게 할 때 한국교회의 모습이 새로운 포맷으로 보이게 되고 현대인들이 교회에 대한 호기심을 갖고 교회를 피난처, 안식처로 바라보게 될 것입니다.

그런데 우리는 교회생활을 하면서 이런 시온의 대로를 제대로 경험하지 못했습니다. 너무 뻔한 예배를 드리고 너무 뻔한 교회 모습을 보여주었습니다. 너무나 뻔하고 올드하고 전혀 영향력이 없는 화석화된 그리스도인의 모습을 세상에 보여준 것입니다. 그러니까 현대인에게 교회가 안식처의 모습으로 비춰지지 않았고 피난처의 이미지로 각인되지 않았던 것입니다. 교회만이 진짜 영혼의 피난처인데 말입니다.

그러나 가슴 아프게도 우리 때문에 교회 모습이 이렇게 흐려지게 보였던 것입니다. 이 얼마나 안타깝고 분한 모습입니까?

다윗은 먼저 예배를 사모하며 하나님의 집을 사모하는 모습을 보여주었습니다. 그가 압살롬에게 쫓겨나 광야로 도망 다닐 때 그를 알고 그를 따르던 무리가 처음엔 다윗을 조롱하였습니다. 그리고 하나님도 조롱하였습니다.

시 42:3 사람들이 종일 내게 하는 말이 네 하나님이 어디 있느뇨 하오니 내 눈물이 주야로 내 음식이 되었도다

보십시오. 사람들이 종일 다윗에게 하는 말이 "당신의 하나님이 어디 있느냐? 당신이 그토록 사랑하고 사모했던 하나님은 왜 이

환난 날에 당신을 지켜주지 않느냐?"고 물어보지 않습니까. 그래서 다윗은 울고 또 울었습니다. 눈물이 주야로 음식이 될 정도로 울었습니다. 그렇게 눈물이 날 때마다, 그럴수록 하나님의 집을 사모했습니다. 하나님의 집에 나아가 예배하는 일을 그토록 갈망하였습니다.

"하나님, 제가 얼마나 하나님의 집을 사모하는지 아세요? 하나님께 나아가 예배하는 일을 얼마나 갈망하는지 아세요? 얼마나 그 사모함이 찐하였으면 제 육체와 영혼이 쇠하였겠습니까? 주님, 어서 빨리 하나님의 장막으로 가게 하옵소서. 어서 빨리 당신 앞에 이르러 마음껏 예배하는 날이 오게 하옵소서."

다윗은 광야에서 이렇게 목이 터지도록 외치며 노래했을 것입니다.

♪ 주님은 내 사랑이요 고귀한 내 생명이요
　내 가는 인생길에서 주님은 내 소망이요
　주님은 내 행복이요 나에겐 참사랑이요
　그 무엇과 바꿀 수 없는 주님은 소중한 주님
　나 주님 영원히 사랑하리 온 세상 모두가 변한다 해도
　주님만 사랑하리라 아무리 험난한 중에도
　주님께 우리 주님께 언제나 예배하리라
　천국에 가서도 영원토록 우리 주님과 함께 살리라

바로 이런 다윗을 하나님께서 회복시켜 주셨습니다. 그리고 예루살렘으로 돌아오게 하셨습니다. 다윗은 하나님의 집에서 다시 기쁨과 감격과 눈물로 하나님께 예배하고 하나님을 찬양하였습니다. 다윗의 왕위 회복과 함께 시온의 영광과 예루살렘의 축복이 회복된 것입니다. 그랬을 때 다윗의 하나님이 어디 있냐고 했던 사람들이 다윗을 따라 성전으로 모여 예배를 드리게 되었습니다.

여러분, 코로나 이전에는 우리 교회가 이렇게 꽉 찬 예배를 드렸습니다. 그러나 우리는 코로나의 위기 때문에 이렇게 예배를 초라하게 드리고 있습니다. 대부분의 사람들이 교회를 나오지 못하고 온라인으로 예배를 드리고 있습니다. 저는 코로나 위기가 끝난 이후에도 한국교회가 예배를 회복하지 못하고 힘을 잃어버릴까 하는 걱정으로 잠 못 이룰 때가 많습니다.

제가 이런 고민을 하다가 이번에 시집을 하나 냈는데, 시선사라는 출판사에서 저를 한국서정시인 100인으로 선정하여 서정 시집을 낸 것입니다. 요즘 같은 코로나 위기 때에 무슨 시집을 내느냐고 할지 모르지만 시가 언제 가장 많이 읽혀진 줄 아십니까? 일제강점기 때 가장 많이 읽혀졌습니다.

그래서 저는 요즘 같은 때일수록 시가 많이 읽혀져야 하겠다는 마음으로 시집을 냈습니다. 시집 제목은 "꽃으로 만나 갈대로 헤어지다"입니다. 한 번 들어보시겠습니까?

꽃으로 만나 갈대로 헤어지나니
풀잎으로 만나 낙엽 되어 이별하나니
산은 눈을 감고
강물은 귀를 막고
달은 소리없이 걷고 있나니
새 한 마리 울어 청산이 울리고
꽃송이 하나로 봄이 오고
별 하나 떠서 온 밤이 환해지나니
바람이 스쳐가는 갈대 사이로
내가 서 있어요
갈대로 헤어진 우리
다시 꽃으로 만날 순 없을까.

지금 우리 모두는 꽃으로 만났지만 갈대로 헤어져 있습니다. 모든 사회가 그렇고 교회도 예외가 아닙니다. 어쩔 수 없이 만나더라도 사회적 거리 두기를 하자고 하는 때입니다. 서로가 서로를 불신하는 상황이 아닌가요? 갈대로, 갈대처럼 헤어진 것입니다.

그러나 저는 다시 꽃으로 만나는 우리가 되어보자고 제안을 한 것입니다. 코로나 때문에 어쩔 수 없이 갈대로 헤어졌지만 말입니다. 그러므로 우리 성도들도 예수 그리스도 안에서 다시 꽃으로 만나야 하지 않겠습니까? 꽃으로 만나 감격을 누려야 하지 않겠습니까?

♪ 별처럼 수많은 사람들 그중에 성도로 만나
　꿈을 꾸듯 새에덴을 이루고
　생명의 나무로 벅찼던 우리가 사명을 받고
　그 모든 건 기적이었음을, 그 모든 건 은혜였음을…

　그러기 위해선 지금 우리 모두는 예배를 사모하고 교회를 사랑하는 마음을 농축시키고 축적시켜야 합니다. 그러면서 코로나 이후에 우리가 어떻게 새로운 예배의 포맷을 설정하고 영혼의 장막에 뉴 포맷을 설정할 것인가에 온 집중을 해야 합니다. 이렇게 우리 한국교회가 예배와 교회 모습을 성령이 충만하고 생명력이 가득한 뉴 포맷으로 다시 설정할 때, 한국교회에 다시 사람들이 몰려오게 될 것입니다.

　교회는 하나님의 장막이요, 영혼의 장막입니다. 하나님의 장막에서는 하나님을 예배하는 모임이 북적거려야 합니다. 그리고 영혼의 장막은 사람들의 영혼의 안식처, 피난처가 되어야 합니다. 꽃 같은 영혼들이 모여 예배하고 안식하게 해야 합니다.

　여러분이 바로 이 일에 쓰임받고 싶지 않습니까? 우리는 코로나 이후를 대비해야 합니다. 코로나블루를 해결해 줄 수 있는 곳은 교회뿐입니다. 그러기 위해서 우리가 다시 하나님을 갈망하며 성령충만해야 합니다. 생명력을 회복해야 합니다. 그리고 영혼의 새 옷으로 갈아 입어야 합니다. 그렇게 해서 신선하고 새로운 교회의 포맷을 이웃과 사회에 보여주어야 합니다. 그런 저와 여러분이 되기를 축원합니다.

3) 공동체 신앙 훈련시키기

신앙은 개인의 신앙으로만 존재하는 것이 아니다. 예수 그리스도를 믿는 순간 하나님의 자녀가 되지만, 예수 그리스도의 몸 된 교회에 가입을 해야 한다. 그래서 신앙에는 항상 공동체성이 있어야 한다. 예수님을 주님으로 부르는 사람은 다 교회생활을 해야 한다. 신앙은 개인적으로만 존재하는 것이 아니라 공동체성으로 회복해야 한다. 그래서 공동체 신앙을 훈련시키는 것이다.

베드로후서 1장을 보면 교회를 우리의 몸에 비유하여 교훈하고 있다.

> 벧후 1:4-7 이로써 그 보배롭고 지극히 큰 약속을 우리에게 주사 이 약속으로 말미암아 너희가 정욕 때문에 세상에서 썩어질 것을 피하여 신성한 성품에 참여하는 자가 되게 하려 하셨느니라 그러므로 너희가 더욱 힘써 너희 믿음에 덕을, 덕에 지식을, 지식에 절제를, 절제에 인내를, 인내에 경건을, 경건에 형제 우애를, 형제 우애에 사랑을 더하라

믿음을 우리 몸으로 비유한다면 뼈와 같다. 뼈 없는 몸이 어떻게 있을 수 있겠는가? 뼈는 부러져도 안 되고 휘어도 안 된다. 몸에서 가장 기본 바탕이 되는 것이다. 그러므로 믿음이 바로 서야 성도로

서의 기본이 될 수 있다. 뼈가 몸의 기본인 것처럼 주를 고백하는 믿음의 터 위에 교회는 세워져야 한다.

그런데 몸에는 뼈만 있어서는 안 된다. 반드시 살이 있어야 한다. 덕은 우리 몸의 살과 같다. 기본이 되는 뼈가 아무리 건강하고 튼튼하다 할지라도 살이 붙어 있지 않으면 해골에 불과하다. 정말 아름다운 미스코리아가 정형외과에 가서 뼈 사진을 찍었다. 그녀가 찍은 엑스레이 사진을 보며 아름답다고 감탄할 사람이 어디에 있는가? 살이 뼈에 알맞게 붙어야 아름다운 법이다.

요즘은 히프 큰 사람을 미남, 미녀라고 한다. 그러나 엉덩이에는 살이 많이 붙어도 얼굴엔 적당히 붙어 있어야 한다. 만약 엉덩이에 붙을 살이 잘못하여 얼굴에 붙어버리면 되겠는가? 그런 사람을 절대로 미남, 미녀라고 하지는 않는다.

그러므로 믿음의 뼈대 위에 덕이라는 살을 어떻게 붙이느냐에 따라서 미남, 미녀 성도가 될 수도 있고 추남, 추녀 성도가 될 수도 있다. 어떤 사람은 믿음이 좋고 열정도 많아서 많은 능력의 역사도 일으키지만 자꾸 사람 사이에 분쟁과 문제를 일으킨다. 인간관계에 있어서 원만하지를 못하고 이 사람 저 사람들과 부딪치고 일을 저지른다. 믿음은 좋지만 덕이 부족하기 때문이다.

그러므로 우리는 믿음 위에 덕을 세워야 한다. 교회에서는 진실, 사실보다 더 중요한 것이 바로 덕을 세우는 일이다. 우리는 교회 안에서 진실, 사실을 밝혀내기 전에 다시 한 번 생각해야 할 것이 있다. '내가 하는 이 언행이 과연 교회에 덕이 될 것인가, 아니면 해가

될 것인가?'

그런데 성도들 중에는 가끔 '목에 칼이 들어와도 할 말 하겠다'는 성도, '죽는 한이 있어도 진실을 밝히고 바른말은 하겠다'는 성도들이 있다. 그 말이 대부분 옳은 것도 사실이다. 그러나 그 말이 바른말일지라도 덕을 세우지는 못한다. 옳은 말을 하고도 교회에 큰 문제를 일으키니 그것이 문제다.

따라서 교회가 믿음의 공동체라 할지라도 때론 믿음보다 덕이 더 강하고 위대하게 작용할 때가 있다. 이와 혀 중 누가 더 오랫동안 영향력을 행사할 수 있는가? 지금까지 살면서 사람이 죽을 때가 되면 이 빠진 사람은 보았지만 혀가 빠진 사람은 보지 못했다.

그러므로 우리는 믿음 위에 덕을 세워야 한다. 코로나 이후에 성도들의 공동체 신앙이 약화될 가능성이 많다. 그러므로 믿음 위에 덕을 세우는 공동체 신앙 훈련을 해야 한다. 앞에서도 언급했거니와, 코로나 이후에 가족 중심 뉴 노멀 사회가 되면서 집단해체 사회가 될 것이다. 그것을 대비하기 위하여 앞으로 공동체 신앙훈련을 많이 해야 한다.

나는 개척교회 때부터 공동체 신앙훈련을 많이 하였다. 왜냐면 아무리 하나님과의 관계가 좋고 사명감이 불타올라도, 사람과의 관계가 좋지 않으면 큰 문제를 일으킬 수 있기 때문이다. 그러므로 교회 안에서 끊임없이 공동체 신앙훈련을 해야 한다. 실제적인 훈련은 서로 무릎 꿇고 손을 잡고 짝기도를 하는 방법도 있다. 아니면 한 사람씩 돌아가면서 포옹하며 칭찬하고 격려하는 방법도 있다. 그런데 이것이 안 되는 경우가 있다. 그렇다면 돌아가면서 한 2-3분 동안 아무 말 없이 눈으로 대화하도록 하는 방법도 있다.

그 후에 "주께 두 손 모아 비오니"라는 찬양을 한다. 그리고 나서 서로 눈으로 대화하면서 고백을 한다.

"옛날에는 당신을 미워하고 시기했는데, 주님의 안경을 쓰고 보니깐 너무도 소중한 존재요, 동역자라는 사실을 알게 되었습니다. 주님 안에서 형제님을 사랑합니다. 자매님을 사랑합니다."

이런 고백을 하고, 서로를 위해 손을 잡고 기도한다. 그리고 껴안고 "눈으로 사랑을 그리지 말아요" 찬양을 한다. 찬양한 다음에 다시 기도하고 고백한다. 그럴 때 성령께서 감동하시고 놀라운 변화의 역사가 일어났다. 교회가 다시 하나 되어 놀라운 부흥의 가속도가 붙는 것을 볼 수 있다. 물론 나는 뜨레스디아스(Tres Dias)를 행한 것이 아니다. 뜨겁게 말씀을 묵상하고 기도하며 서로의 관계 회복을 이루게 하는 공동체 신앙훈련을 실행한 것이다.

4) 신앙의 열정 회복시키기

사도 바울은 누구도 말릴 수 없고 끌 수 없는 열정 인생을 살았다. 하나님께 미치고 예수에 미친 인생, 그 뜨거운 열정 신앙을 가지고 거룩한 열정 인생을 살았던 사람이었다. 인생의 행복은 삶의 열정에서 온다. 인생을 열심으로 살고 열정적으로 사는 뜨거운 삶의 현장에서만 행복을 만나고 느낄 수가 있다.

그러나 그보다 더 성숙한 행복, 더 고상하고 온전한 행복은 내 열심이 아닌 하나님의 열심으로 살아가는 것이다. 그러기에 바울은 하나님의 열정을 가지고 거룩한 열정 인생을 삶으로써 이 세상에서 최고로 행복한 삶을 누리게 되었다. 우리가 하나님 앞에 일꾼으로 쓰임 받고 부족하지만 주님을 사랑하고 주님께 헌신하고 있다는 것을 생각하면 큰 감격과 은혜가 넘쳐난다.

바울은 하나님의 열정으로 살면서 예수에 미친 삶을 살았다. 언제 어디서나 하나님 앞에 열정의 신앙으로 살았던 것이다. 성경에 등장하는 수많은 믿음의 영웅들도 처음에는 겁쟁이고 비겁한 사람들이었다. 그런데 그들이 열정의 하나님을 만났을 때 열정의 불이 그들의 가슴에 전이가 된 것이다. 하나님의 그 타오르는 열정의 뜨거운 불이 그들의 가슴에 불붙게 되었던 것이다.

바울도 젊었을 때는 빗나간 종교적 열심을 가지고 오히려 하나님의 일을 방해하고 대적했던 사람이었다. 그런데 그가 다메섹 도상에서 열정의 하나님을 만나더니 하나님 앞에 열정의 사람이 되었고 오직 예수에 미친 삶을 살았던 것이다. 그래서 이제는 살아도 주를 위해서 살고 죽어도 주를 위해서 죽는 사람이 되었다. 열정은 Enthusiasm(엔수시에즘)이라는 말인데, '엔 데오스'(하나님 안에)라는 뜻에서 나온 말이다. 그러므로 우리 안에 열정의 하나님을 모시면 열정의 사람이 되는 것이다.

나 역시 코로나 사태 이후에 두 달여 동안 주일1-5부예배, 주일저녁예배, 새벽기도회, 수요1·2부예배, 금요철야예배까지 모두 다 직접 인도했다. 그러면서도 모든 목회 일정과 외부 일정까지 다 소화를 했다. 그러다가 너무 무리하여 성대결절이 생길 정도까지 목회 투혼을 발휘하였다. 그러면서 성도들에게 더 영적인 목마름을 갈망하게 해 주었다. 그러자 우리 교회보다도 더 큰 교회들이 많지만 유튜브 영상예배 조회수가 1, 2위를 주거니 받거니 할 정도로 많은 성도들이 온라인 예배에 참여하였다. 타교회 성도들도 참여했겠지만 말씀을 사모하는 성도들이 1부도 참여하고 2, 3, 4부 예배도 참여하면서 조회수가 많아졌다.

뿐만 아니라 주중에도 사회적 거리 두기를 지키면서 낮에 교회 본당에 와서 기도하고, 대면전도를 못하니까 문자전도, SNS전도, 온라인전도를 많이 하였다. 이렇게 하려면 목회자가 먼저 열정을 발휘해야 한다. 정말 반 미쳐야 한다. 그렇지 않고 어떻게 반의 반 토막 나 버린 교회를 다시 회복시킬 수 있겠는가. 아니, 코로나로 인하여 신앙이 태만하고 나태하고 냉담한 사람들을 어떻게 다시 열정의 사람으로 만들 수 있겠는가.

사도 바울이 열정의 사람이 되어서 초대교회의 불씨를 살리고 부흥시켰던 것처럼, 목회자가 먼저 열정의 사람이 되어 성도들의 가슴에 열정을 불어넣어 주어야 한다.

5) 헌신훈련 반복하기

나는 평상시는 샐러드 목회와 용광로 목회를 병행하였다. 신도시에 사는 다양한 개성의 성도들을 융합시키기 위해 샐러드 목회를 선택한 것이다. 그러나 코로나 사태 때는 샐러드 목회를 포기하고 용광로 목회를 하였다. 우리 교회는 코로나 사태 초기부터 정부가 제시하는 방역 7대 수칙을 지키면서도 현장예배를 포기하지 않았다. 평상시와 똑같은 예배를 드릴 순 없었지만 30%에 가까운 성도들이 출석하였다. 부활주일에는 40%의 성도들이 참석했다. 대신 예배를 6부로 분산하여 드렸다.

그런데 현장예배에 출석하는 소수의 분들이 더 뜨겁게 열정적으로 헌신을 하니까 코로나 상황에서도 헌금이 평상시보다 많이 나왔다. 전도 역시 코로나로 인하여 교회로 직접 데려올 수 없으니까 '온라인 등록제도'를 만들어서 등록을 시켰다. 물론 정식등록은 현장예배를 왔을 때 가능하지만 일단 그렇게라도 전도의 불씨를 살려놓은 것이다. 성도들의 뜨거운 열정이 살아 있기에 온라인 전도를 해서 온라인 예배자들을 확보하는 것이다.

사실 우리 교회는 유튜브 사역을 시작한 지 6-7개월도 안 되었는데 교인들의 열정으로 유튜브 랭킹 1, 2위를 다투게 되었다. 구독자도 얼마 안 되는데 코로나 사태 기간에 오히려 구독자가 폭증하고 조회수도 급증하였다. 코로나 위기에 순응하고 안주하는 것이 아니라, 오히려 더 뜨거운 헌신을 하며 돌파해 나갔다. 그러므로 우리의 신앙을 리포맷하기 위해서는 헌신훈련을 지속적으로 반복해야 한다.

코로나 이후에 헌신훈련을 하려면 특별헌신새벽기도, 특별헌신작정기도를 하는 것이 좋다. 나는 코로나 위기가 오자마자 성도들에게 특별새벽기도를 선포하고 오히려 헌신훈련을 시켰다. 코로나 위기 속에서 오히려 역설적 헌신의 메시지를 전했다.

주일설교 "카타콤의 푸른 별들이 되라"를 소개한다.

카타콤의 푸른 별들이 되라
[2020년 2월 9일 주일예배]

출애굽기 15장 24-26절

백성이 모세에게 원망하여 이르되 우리가 무엇을 마실까 하매 모세가 여호와께 부르짖었더니 여호와께서 그에게 한 나무를 가리키시니 그가 물에 던지니 물이 달게 되었더라 거기서 여호와께서 그들을 위하여 법도와 율례를 정하시고 그들을 시험하실새 이르시되 너희가 너희 하나님 나 여호와의 말을 들어 순종하고 내가 보기에 의를 행하며 내 계명에 귀를 기울이며 내 모든 규례를 지키면 내가 애굽 사람에게 내린 모든 질병 중 하나도 너희에게 내리지 아니하리니 나는 너희를 치료하는 여호와임이라

요즘 전 세계인이 신종 코로나바이러스 때문에 공포와 불안에 떨고 있습니다. 이런 때엔 알베르 카뮈가 쓴 "페스트"라는 소설이 생각날 것입니다. 코로나바이러스는 박쥐로부터 발생을 하였지만,

카뮈의 페스트는 죽은 쥐의 사체에서 발생하여 수많은 쥐들을 통하여 전염되었습니다.

코로나바이러스로 인해 중국의 우한이라는 도시가 폐쇄된 것처럼, "페스트"에서는 오랑시가 다 폐쇄되는 모습을 볼 수 있습니다. 원래 카뮈는 무신론자였습니다. 그러나 그는 소설 속에서는 하나님의 존재를 인정하고 있습니다. 카뮈는 소설을 통해서 "페스트는 인간을 깨우기 위한 도구"라고 말합니다.

그렇습니다. 저는 이 코로나바이러스 역시 전 세계인을 깨우고 있는 도구라고 확신합니다. 아니, 세계인은 이런 코로나바이러스를 통해서 페스트라는 소설에 나온 문장처럼 이런 사실을 깨달아야 합니다.

"아, 인간은 연약하다. 인간이 하나님을 떠나는 순간, 언제든지 죽지 않고 사라져버리지도 않으며 가구, 이불, 오래된 행주 같은 것들 속에서, 심지어는 쓸데없는 서류 나부랭이 속에서 잠들어 있는 채 기다리고 있다가 언제든지 인간으로 하여금 깨우쳐주기 위하여 페스트균이나 코로나바이러스균 등으로 불행을 가져다주는 것이구나."

여러분, 이렇게 깨달은 사람들은 하나님 앞에 귀한 영적인 사람들입니다. 그러나 똑같이 예수를 믿는 사람 가운데도, 그냥 두려워 떨고 불안의 노예로만 살아가는 사람은 육신에 속한 사람입니다. 물론 우리가 조심하고 노력하며 예방해야 할 것은 당연히 해야죠. 그러나 이럴 때일수록 우리는 영에 속한 사람이 되어야 합니다.

그러면서 우리의 몸과 영혼 안에 전인적 항체를 소유해야 합니다. 그럴 때 제아무리 페스트 아니라 코로나바이러스가 우리에게 다가온다 할지라도 우리는 다 이기게 되어 있습니다. 우리는 반드시 승리하게 되어 있습니다.

그러므로 여러분, 오늘 이 시간 우리가 하나님을 더 잘 섬기면서, 동시에 우리 몸의 항체와 저항인자를 키우기를 바랍니다. 영혼의 항체를 키우기를 바랍니다. 전인적 저항인자를 증강시키기를 바랍니다. 그러면 어떻게 영혼의 항체, 혹은 전인적 저항인자를 소유할 수 있을까요?

첫째, 하나님은 모든 질병의 치료자라는 사실을 믿어야 합니다.

오늘 본문을 보니까 우리 하나님께서는 우리를 치료하시는 하나님이라고 말씀하고 있지 않습니까?

출 15:26(하) …나는 너희를 치료하는 여호와임이라

이스라엘 백성들이 홍해를 건너고 나서 얼마나 감격했는지 모릅니다. 그러나 그 감격은 오래가지 못했습니다. 그들은 사흘 동안 물을 얻지 못하였기 때문입니다. 그리고 사흘 후에야 물을 얻었지만 그 물이 써서 마시지 못하였던 것입니다.

출 15:22-23 모세가 홍해에서 이스라엘을 인도하매 그들이 나와서 수르 광야로 들어가서 거기서 사흘길을 걸었으나 물을 얻지 못하고 마라에 이르렀더니 그곳 물이 써서 마시지 못하겠으므로 그 이름을 마라라 하였더라

그러나 하나님께서 모세를 통하여 그 쓴물을 단물로 바꾸어 주셨습니다. 그리고 나서 하나님께서 자신을 '여호와 라파', 치료하시는 여호와라고 말씀하신 것입니다. 그러므로 치료하시는 하나님께서 이 시간 여러분의 모든 질병을 치료하실 수 있다는 사실을 믿을 수 있기를 바랍니다.

아니 요즘 전염성이 강하다고 하는 코로나바이러스도 하나님께서 물리쳐 주실 수 있다는 사실을 믿을 수 있기를 바랍니다. 왜냐면 우리 하나님은 만왕의 왕이시고 만병의 의사가 되어주시기 때문입니다. 여러분, 이 치료의 하나님을 믿는 우리의 믿음이 최고의 항체요, 최고의 면역력이라는 사실도 믿으시기 바랍니다.

♪ 주님 나를 치료하시니 나 기뻐합니다
  주님 나를 치료하시니 나 기뻐합니다
  여호와 라파 여호와 라파 / 주님 나를 치료하시니 여호와 라파

기독교가 로마로 처음 들어갔을 때 얼마나 많은 박해를 받았는지 아십니까? 헤아릴 수 없이 많은 사람들이 화형을 당하고 맹수

들의 밥이 되기도 했습니다. 그래서 그들은 로마 시내 한복판 땅굴에 들어가 숨었습니다. 바로 카타콤베라는 곳입니다. 카타콤베는 원래 지하 공동묘지였습니다. 그런데 그 지하 공동묘지로 숨어서 굴을 파고 파서 지하에 사람이 피하여 사는 군락을 만든 것입니다.

그즈음 로마에는 천연두라는 전염병이 창궐하였습니다. 수많은 사람들이 죽어나갔습니다. 실제로 A.D. 165년~180년에 500만 명이 죽었습니다. 로마 시내 길거리 곳곳에는 시체들이 널브러져 있었습니다. 그때 그 누구도 시신을 치우는 사람이 없었습니다. 왜냐면 그 시신에 손을 대자마자 전염이 되어 죽었기 때문입니다.

로마 시내는 사람들의 시체 썩는 냄새로 코가 막힐 정도였습니다. 그런데 이상한 일이 발생하였습니다. 한밤중에 검은 옷을 입은 사람들이 나타나 시신을 치우기 시작하는 것입니다. 그리고 아침이면 사라졌습니다. 며칠 후 로마 시내는 깨끗한 거리로 바뀌었습니다.

로마에 있는 고관들로부터 일반 시민들은 정말 궁금했습니다.

"저들이 누구일까. 도대체 저들이 누구이길래 천연두로 죽어간 시체들을 아무것도 없이 치울 수 있단 말인가."

알아보니까, 로마의 카타콤베에 숨어 있었던 기독교인들이었습니다. 기독교인들은 전염병으로 죽은 시체들을 다 치웠지만 어느 누구 한 명도 전염되지 않았다고 합니다. 참으로 위대한 카타콤의 푸른 별들이었던 것이죠.

그들은 어떻게 로마 사람들에게 감동을 주었던 푸른 별들이 될 수 있었을까요? 그들에게는 먼저 믿음이 있었습니다. 모든 전염병을 예방하여 주시고 전염병 균을 물리쳐 주시는 전능하신 하나님을 믿는 믿음이 있었습니다.

그들은 비록 천연두라고 하는 전염병에 걸린다 할지라도 그 모든 전염병도 치료해주실 하나님을 믿었습니다. 그 믿음이 그들 안에 강력한 면역체계를 이루게 하였고 최고의 항체를 생성하게 하였던 것입니다. 여러분, 얼마나 멋지고 눈부신 카타콤의 푸른 별들입니까?

오늘날 우리도 마찬가지입니다. 오늘 우리 교회가 마치 로마의 카타콤베와 같아야 합니다. 그리고 우리도 로마의 카타콤베에 살았던 그리스도인과 같은 믿음을 가져야 합니다. 그럴 때 우리도 이 땅에 살아가는 많은 사람들에게 감동과 귀감을 주는 영혼의 푸른 별들이 될 수 있습니다.

여러분, 우리가 정말 하나님을 치료의 하나님, 예방의 하나님, 만병의 의사가 되시는 하나님으로 확실하게 믿는다면, 신종 코로나바이러스에 너무 떨 필요가 없습니다. 예수님께서도 뭐라고 말씀하셨습니까? 예수님을 믿는 자들에게는 어떠한 해로운 독을 마실지라도 해를 받지 않는다고 했지 않습니까?

막 16:17-18 믿는 자들에게는 이런 표적이 따르리니…무슨 독을 마실지라도 해를 받지 아니하며…

아니 솔로몬도 성전 봉헌식 때 이런 기도를 했지 않습니까? 세상을 살아가면서 어떠한 전염병이 창궐한다 할지라도 하나님의 성전으로 와서 기도하든지, 성전을 향하여 손을 펴고 기도하면 하나님이 그 기도를 들어주시고 모든 재앙과 전염병에서 막아달라고 기도했지 않습니까?

왕상 8:37-39 만일 이 땅에 기근이나 전염병이 있거나…무슨 재앙이나 무슨 질병이 있든지 막론하고…이 성전을 향하여 손을 펴고 무슨 기도나 무슨 간구를 하거든 주는 계신 곳 하늘에서 들으시고 사하시며…

또한 시편 기자는 이렇게 고백하고 선포했습니다. 하나님을 진정으로 사랑하는 성도는 그 어떤 전염병이 창궐한다 할지라도 절대로 재앙이 미치지 못한다고 말입니다.

시 91:5-7 너는 밤에 찾아오는 공포와 낮에 날아드는 화살과 어두울 때 퍼지는 전염병과 밝을 때 닥쳐오는 재앙을 두려워하지 아니하리로다 천 명이 네 왼쪽에서, 만 명이 네 오른쪽에서 엎드러지나 이 재앙이 네게 가까이 하지 못하리로다

그러므로 정말 하나님을 섬기며 예수 그리스도를 믿는다면 코로나바이러스에 너무 두려워 떨 필요가 없습니다. 물론 인간적으

로 지켜야 할 기본적인 수칙은 지키고 최선을 다해야지요. 그래서 우리 교회는 매 예배 때마다 소독을 합니다. 심지어는 화장실, 운행하는 버스까지도 소독을 합니다.

뿐만 아니라, 교회 엘리베이터 앞과 모든 교회 통로에는 손 세척제를 비치하고 있습니다. 그러나 너무 두려워한 나머지 교회 오기도 꺼려하고 예배드리는 것도 두려워한다면 이게 예수 믿는 사람입니까? 이게 하나님 믿는 사람입니까? 이런 사람들이 무슨 이 시대의 푸른 유성이 되고 카타콤의 푸른 별들이 될 수 있겠습니까? 개똥별도 못 되는 것이죠.

로마의 기독교인들은 그런 것을 두려워하지 않았습니다. 그러니까 하나님을 믿는 믿음으로 염병에 죽어갔던 사람들의 시체들을 다 치운 것이죠. 그런 일들로 인해 기독교인들에 대한 오해가 풀리기 시작했다고 하지 않습니까? 그러면서 기독교인들이 점점 칭송받기 시작했습니다. 그리고 마침내 이것이 계기가 되어 기독교가 공인되는 데 큰 역할을 했다는 것입니다.

오늘 우리 그리스도인들은 세상 사람들 앞에 뭔가 다른 면이 있다는 모습을 보여주어야 합니다. 평소에 교회 나가는 사람이 무서워서 예배도 나오지 않고 집에 틀어박혀 있는 모습을 보이면 세상 사람들이 어떻게 보겠습니까? 이런 때일수록 하나님을 믿는 우리가 담대한 믿음으로 세상과 구별되는 모습을 보여야 하지 않겠습니까?

우리가 이런 믿음을 가지면 하나님이 우리와 함께하시며 동시에 우리 안에 최고로 강력한 면역체계와 최고로 강력한 항체를 생성하게 하실 것입니다. 그 면역체계와 항체가 코로나바이러스를 틈도 못 타게 할 것입니다. 아무리 코로나바이러스가 접근하려 한다 할지라도 다 물리쳐 버릴 것입니다. 그래서 성경은 이렇게 말합니다.

말 4:2 내 이름을 경외하는 너희에게는 공의로운 해가 떠올라서 치료하는 광선을 비추리니 너희가 나가서 외양간에서 나온 송아지같이 뛰리라

오늘 우리는 창조의 하나님을 믿습니다. 전능하신 하나님을 믿습니다. 치료의 하나님을 믿습니다. 우리 안에 저항인자와 항체를 허락하시고 생성하시는 하나님도 믿습니다. 이 하나님이 우리의 하나님이심을 믿으면 "아멘" 하시기 바랍니다.

♪ 그는 여호와 창조의 하나님 / 그는 여호와 전능의 하나님
그는 여호와 예방의 하나님 / 그는 여호와 치료의 하나님
창조의 하나님 아브라함의 하나님 / 여호와 샬롬 평강의 하나님
이스라엘의 하나님 영원한 하나님 / 그는 여호와 치료의 하나님
찬양하세 할렐루야 찬양하세 오–할렐루야
그는 여호와 예방의 하나님 / 그는 여호와 치료의 하나님

여러분, 이런 이야기를 들어보셨습니까? "ghost in your genes", 다시 말하면 우리의 유전자 속에 유령이 있다는 것입니다. 이것은 2011년 영국 BBC 다큐멘터리에 방영이 되었고, 우리나라의 SBS방송에도 방영이 되었는데요. 학자들이 암세포를 계속해서 연구하고 분석해 보니까 그 유전자 속에 유령이 있더라는 거예요.

그러니까 암세포를 외형적으로만 보면 세포의 돌연변이로만 생성되는 것 같지만, 이걸 분석해보니까 그 속에 유령이 있더라는 것입니다. 그래서 이 다큐멘터리의 결론은 암세포의 연구를 과학자, 의학자만 할 것이 아니라 신학자도 연구에 동참을 해야 한다는 내용이었습니다.

만일, 이것이 사실이라면 우리는 강력한 믿음으로 우리의 신경세포 속에 숨어 있는 악령을 꾸짖고 쫓아내야 합니다. 그리고 우리의 믿음이 우리 몸 안에 강력한 항체요 저항인자가 생성되도록 해야 합니다. 그러면 우리 안에 있는 항체와 저항인자가 모든 암세포를 다 퇴치시켜 버릴 것입니다.

아니 하나님께서 치료의 광선으로 모든 암세포와 나쁜 코로나 바이러스를 다 물리쳐 버릴 것입니다. 우리의 신경세포 속에 숨어 있는 모든 어둠의 영들을 치료의 광선으로 모두 내쫓아버리십시다. 이 시간 여러분 모두에게 이런 은혜가 있길 축원합니다. 그래서 여러분 모두가 이 시대에 영적 카타콤의 푸른 별들이 되시기를 바랍니다.

둘째, 항상 하나님의 은혜를 깨닫고 말씀에 순종하는 믿음이 있어야 합니다.

오늘 본문을 보니까 쓴물을 단물로 변화시킨 사건 후에 하나님께서 이스라엘 백성들과 언약을 맺습니다. 그 언약의 내용은 이스라엘 백성들이 먼저 하나님의 말씀을 잘 듣고 순종하면 애굽 사람들에게 내린 모든 질병 중 하나도 이스라엘 백성들에게 내리지 아니하겠다는 의미입니다.

출 15:26(상) 이르시되 너희가 너희 하나님 나 여호와의 말을 들어 순종하고 내가 보기에 의를 행하며 내 계명에 귀를 기울이며 내 모든 규례를 지키면 내가 애굽 사람에게 내린 모든 질병 중 하나도 너희에게 내리지 아니하리니…

우리 하나님은 어떠한 질병에 걸려서 치료를 해주시는 것도 중요하지만 언약의 말씀을 지키는 자에게는 미리 예방도 해 주신다는 말입니다. 다시 말하면 이스라엘 백성들이 하나님 말씀을 잘 지켜 행하면 그들에게 어떤 질병도 내려주시지 않겠다는 것입니다.

그러므로 우리가 모든 질병을 이길 뿐만 아니라 애당초 그 병원균을 막아내기 위해서 먼저 하나님의 말씀을 청종해야 합니다. 특별히 코로나바이러스가 창궐할 때일수록 우리는 하나님의 말씀을 잘 들어야 합니다. 그리고 그 말씀에 순종해야 합니다. 왜 그렇습니까? 하나님의 말씀은 그 자체가 생명력이고 우리 영혼의 면역력이며 항체가 되기 때문입니다.

여러분, 많고 많은 나라 중에서 왜 중국에서만 지진으로 인명 피해가 많은 줄 아십니까? 또 무서운 바이러스로 죽는 사람이 많은 이유가 어디에 있는 줄 아십니까? 이것은 어느 방송이나 신문 기사에 나온 것은 아니지만, 그 동안 시진핑이 교회와 선교사와 목회자들을 얼마나 많이 핍박했는지 아세요?

특별히 우한에 있었던 선교사님의 편지에 의하면, 2019년에 중국 우한시가 종교정책 시범지로 지정이 되어서 48개 지하교회를 강제로 폐쇄시켜 버렸고 성경책을 불태우며 십자가를 파괴하였습니다. 그리고 선교사들을 다 추방시켜 버렸습니다. 그런데 종교규제와 기독교 탄압정책을 실행했던 부서의 가장 높은 사람이 공무원 중에서 제1번으로 우한 폐렴(코로나19)에 걸려 죽었다고 합니다.

여러분은 천지를 창조하시며 우주만물을 섭리하시는 하나님을 확실히 믿습니까? 모든 만물이 하나님께로부터 나오고 하나님께로 돌아간다는, 하나님의 절대주권을 확실하게 믿습니까? 그런 하나님의 절대주권을 믿는다면 우리 하나님이야말로 심판하시는 하나님이라는 사실도 믿어야 합니다.

그렇게 볼 때 이 끔찍한 재앙들은 우연히 일어난 일로만 봐서는 안 됩니다. 저는 이 코로나바이러스가 교회와 선교사와 목회자들을 무참히 핍박한 중국 정부와 중국인을 향한 하나님의 깨우침의 손길이라고 봅니다.

그러므로 이런 때일수록 우리 믿는 사람들은 더욱 하나님의 말씀을 가까이하시기 바랍니다. 말씀을 부지런히 통독하고 잘 청종하시기 바랍니다. 집안에서 떨지만 말고 오히려 하나님 앞에 나와야 합니다. 말씀을 가까이해야 합니다. 그리고 그 말씀이 여러분의 힘이 되게 하고 생명이 되게 하고 능력이 되게 하며, 강력한 항체가 되게 하시기 바랍니다.

♪ 주의 말씀 받은 그 날 참 기쁘고 복되도다
  이 기쁜 맘 못 이겨서 온 세상에 전하노라
  기쁜 날 기쁜 날 주 나의 죄 다 씻은 날
  늘 깨어서 기도하고 늘 기쁘게 살아가리
  기쁜 날 기쁜 날 주 나의 죄 다 씻은 날

여러분, 우리가 형통할 때는 말씀이 내게 힘이 되고 능력이 되는지를 깨닫지 못할 때가 많습니다. 정말 하나님의 말씀이 나에게 은혜가 되고 사랑이 되는지를 모를 때가 있습니다. 그러나 우리가 고난 중에 하나님의 말씀을 대하면 그 말씀이 얼마나 큰 은혜가 되는지 모릅니다. 얼마나 큰 사랑이 되고 능력이 되고 깨달음을 주는지 모릅니다.

제가 존경하는 고훈 목사님이 계십니다. 고훈 목사님은 안산에서 가장 큰 목회를 하셨던 분입니다. 우리 교회 김문기 장로님의 친구이기도 하는데요, 김문기 장로님은 태어날 때부터 건강했지만, 고훈 목사님은 워낙 약골로 태어나서 청년시절부터 폐결핵을 앓았던 분입니다. 그런데 주님의 은혜로 치료를 받고 목사가 되신 분입니다.

폐결핵을 치료받았지만 이분은 몸에 암을 달고 다니셨습니다. 특별히 55세 때는 위암 말기 판정을 받고 암이 췌장, 십이지장까지 전이가 되어서 사형선고를 받았습니다. 그분도 사람인지라 한동안 마음속에 깊은 슬픔이 찾아왔습니다.

그때 어느 장로님이 간 이식을 받은 후였는데 고 목사님이 누워 계신 침대 밑에 쪼그리고 잠을 자면서 고 목사님을 살려주시고 자신을 데려가 달라고 울며 기도하였습니다. 그리고 그때 그 교회의 말기암으로 투병중인 권사님이 계셨습니다. 그 권사님이 교회당에 와서 이렇게 기도를 하셨다고 합니다.

"하나님, 제가 그냥 천국에 갈 수 없습니다. 저는 외로워서 천국 갈 때 혼자 갈 수 없습니다. 제가 천국 갈 때 목사님의 암까지 지니고 가게 하여 주옵소서. 저 목사님의 암까지 짊어지고 가지 않는다면 천국 갈 수 없습니다. 하나님, 제 생명을 단축시켜 주시고 우리 고훈 목사님의 생명을 연장시켜 주옵소서."

권사님은 그렇게 밤새도록 교회당에서 기도한 후 집에 가서 마침내 하나님의 부르심을 받았다고 합니다. 권사님은 하나님 앞에 가기 전에 해같이 빛난 얼굴로 환한 웃음을 지으며 전 가족에게 이렇게 유언을 남겼다고 합니다.

"나 어젯저녁, 예배당에서 철야기도 하다가 하나님께 기도 응답

받았습니다. 고 목사님께 꼭 전해 주세요. 목사님, 걱정하지 마시고 꼭 수술 받으세요. 하나님께 맡기고 수술 받으면 반드시 사십니다. 제가 하나님께 받은 응답입니다."

그때 고훈 목사님은 그 권사님의 기도를 묵상하다가 이 말씀을 하나님께 받았다고 합니다.

"사랑하는 종아, 피투성이라도 너는 살아라."

겔 16:6 내가 네 곁으로 지나갈 때에 네가 피투성이가 되어 발짓하는 것을 보고 네게 이르기를 너는 피투성이라도 살아 있으라 다시 이르기를 너는 피투성이라도 살아 있으라 하고

고훈 목사님은 권사님의 유언대로 수술을 받고 기적적으로 살아나셨습니다. 그리고 교회는 더더욱 부흥하여 안산에서 가장 큰 예배당을 짓고 큰 교회로 부흥하였습니다. 고훈 목사님은 훗날 "잃은 것과 얻은 것"이라는 시를 쓰셨습니다.

나는 암으로 인해 내 생애의 중요한 몇 가지를 잃었다.
위 절반, 약간의 십이지장, 약간의 췌장….
그러나 나는 암으로 인해 내 생애 아주 소중한 많은 것을 얻었다.
남아 있는 것들에 대한 소중함을 아는 변화의 체험
병들고 고통당하는 사람들 곁에 다가갈 수 있는 위로자의 체험
날마다 하늘만 바라보며 사는 소망의 신앙

나는 암으로 인해 약간의 손실은 있었으나
실로 계산할 수 없는 더 많은 은혜를 입었다.

그런데 고훈 목사님이 어떻게 이런 은혜를 깨달았습니까? 그분 역시 하나님의 말씀을 통해 깨달았습니다. 그분 역시 하나님의 말씀을 잘 청종하고 지킴으로써 이런 은혜를 깨달은 것입니다. 그랬을 때 그분은 오히려 강력한 면역력과 항체, 저항인자를 갖게 된 것입니다. 그리고 지금까지도 멀쩡하게 살고 계십니다.

저도 마찬가지입니다. 정 권사님이 폐암일 가능성이 90%라고 했을 때 제가 얼마나 슬피 울며 기도한 줄 아세요? 그때 하나님께서 말씀으로 위로해 주셨습니다. 그것은 송구영신예배 때 받은 약속의 말씀이었어요.

"종아, 안심하라, 내가 너에게 평안을 주노라."

요 14:27 평안을 너희에게 끼치노니 곧 나의 평안을 너희에게 주노라 내가 너희에게 주는 것은 세상이 주는 것과 같지 아니하니라 너희는 마음에 근심하지도 말고 두려워하지도 말라

이처럼 누구든지 말씀을 청종하고 지키면 하나님의 은혜를 깨닫게 됩니다. 암병에 들어야만 깨닫는 줄 아세요? 내가 암에 걸리지 않았지만 암에 걸렸다고 생각하면 더 마음속에 감사가 솟아나고 하나님의 은혜가 깨달아지는 것입니다. 코로나바이러스에 감염되

지 않았지만 감염되었다고 생각을 하면 하나님의 은혜가 더 크게 깨달아지는 것입니다.

　이런 사람은 하나님의 말씀을 더 가까이하고 더 헌신하게 됩니다. 그래서 오늘 본문을 보면 하나님의 말씀을 청종하고 순종할 뿐만 아니라 하나님 보시기에 의를 행하라고 말씀하시지 않습니까? 하나님 보시기에 의를 행한다는 말은 세상적인 기준에서 도덕적이고 윤리적 의를 행하라는 말이 아닙니다. 하나님 기준에서 옳은 일을 행하라는 말입니다.

출 15:26(상) 이르시되 너희가 너희 하나님 나 여호와의 말을 들어 순종하고 내가 보기에 의를 행하며…

　여기서 하나님 보시기에 옳은 일을 행하라는 말은 무슨 의미일까요? 바로 하나님 섬기기를 좋아하고 예배드리기를 좋아하고 하나님께 받은 사명을 감당하기를 좋아하는 것입니다. 감동이 올 때마다 헌신하며 하나님의 감동에 순종하며 헌신하는 것입니다. 이런 것이 하나님 보시기에 의를 행하는 것입니다

　여러분은 새문안교회의 첫 건축 이야기를 아십니까? 언더우드 선교사가 한 사랑방에서 교회를 개척했는데 사람들이 몰려왔습니다. 그래서 교회 건축을 해야 하는데 대부분이 가난한 사람들이었습니다. 그때 서울 전역에 콜레라라는 전염병이 발생했습니다.

　이때 선교사들은 콜레라 백신이 있었기 때문에 한 사람도 감염

되지 않았습니다. 또 선교사에게 찾아오는 환자들은 다 치료를 받았습니다.

그러나 미신을 의존하고 무당을 찾는 사람들은 부정한 날것을 먹다가 콜레라에 걸려 다 죽게 되었습니다. 그러자 조선 조정에서는 살고 싶은 사람은 모두 선교사들을 찾아가 그들이 시키는 대로 하라고 했습니다. 그러나 몰려오는 사람들을 선교사들이 다 상대해줄 수가 없었습니다.

그래서 언더우드는 새문안교회 교인들을 자원봉사자로 훈련시켰습니다. 교인들은 콜레라를 두려워하지 않고 선교사가 시키는 대로 믿음으로 섬겼습니다. 마침내 콜레라는 퇴치되었습니다. 조정에서는 자원봉사자들에게 큰 상금을 내렸습니다. 사실 그 돈은 그들의 피 값이고 목숨 값이었습니다.

새문안교회 교인들은 그 소중한 돈을 새문안교회 건축헌금으로 드렸습니다. 그 돈으로 교회를 지었습니다.

"하나님, 이런 방법으로도 교회당 건축을 하게 하시네요. 저희들이 무엇이관데 이런 돈을 드려 하나님의 성전을 건축하게 한단 말입니까. 저희들이 건축한 교회당을 통하여 더 많은 영혼들이 돌아오게 하시고 더 많은 사람들이 구원 받게 하옵소서."

♪ 내가 주님 앞에 무엇입니까 / 마른 막대기가 아닙니까
　내가 주님 앞에 쓸모없었던 / 타다 남은 재가 아닙니까
　나를 도우소서 일으키소서 / 나와 동행하사 힘 주시고

내 영혼 기쁨을 얻게 하시어 / 주님을 기쁘게 하옵소서

여러분도 하나님 보시기에 이런 의를 행하시기 바랍니다. 이런 때일수록 예배를 가까이하시기 바랍니다. 이런 때일수록 사명을 따라 사시기 바랍니다. 이런 때일수록 하나님께 더 많은 헌신과 창의적 헌신을 드리시기 바랍니다. 감동의 헌신을 하시기 바랍니다. 자원제와 낙헌제도 기쁨으로 드리시기 바랍니다. 그렇게 해서 이 시대에 카타콤의 푸른 별들이 되시기 바랍니다.

셋째, 건강한 정신을 소유하고 인간이 해야 할 일도 최선을 다해야 합니다.

여러분, 우리 몸 안에는 하루에 200개 이상의 암세포가 생긴다고 합니다. 그런데 하나님께서는 우리 몸 안에 아포토시스(apoptosis)라는 프로그램을 넣어주셨다고 합니다. 다시 말하면 암세포가 스스로 자살을 하고 자폭을 하는 시스템을 우리 몸 안에 프로그램화해 주셨다는 말입니다.

그런데 만약에 암세포들이 자폭을 못하면 그때 우리 몸 안에서 Natural Killer Cell 시스템이 작동합니다. 백혈구를 중심으로 해서 우리 몸 안에 들어있는 항체와 저항인자가 암세포들을 직접 파괴하는 일들이 일어나게 하는 것입니다.

"암세포 이놈들, 어디서 자폭을 하지 않고 살아나는 거야!"

그러면서 백혈구가 암세포를 다 잡아먹어 버리는 것입니다. 우리 안에 있는 면역 항체와 저항인자들이 암세포들을 물리쳐 버리고 퇴치시켜 버립니다. 하나님이 우리 안에 허락하신 면역 시스템은 믿는 사람이나 안 믿는 사람이나 다 똑같이 주신 일반은총의 축복입니다.

그런데 이놈의 암이 잘 자랄 수 있는 특별한 환경을 만들어주면 우리 몸 안의 아포토시스 프로그램이 망가져 버린다고 합니다. 그래서 암이 자살하지 않고 오히려 자승으로, 제곱으로 번식을 한다는 것입니다. 200개가 4,000개가 되고 4,000개가 160,000개가 되어 버리고…이렇게 번식이 되어 버립니다. 그렇게 해서 금방 암 군락을 만들어버린다는 것입니다.

그러면 암이 제일 좋아하는 분위기가 무엇인 줄 아십니까? 맨날 원망하고 불평하고 우울해하고 스트레스를 받는 것입니다. 까닭 없이 성질을 내고 화를 내며 또 남을 지나치게 미워하고 증오하는 마음을 계속 품으면, 그런 나쁜 마음이 우리 신체의 여러 기관에 전달이 됩니다. 그리고는 마침내 그 기관이 아주 냉랭하고 차가운 분위기를 만들어줍니다.

그러므로 우리는 맑고 밝은 정신과 건강한 정서를 가져야 합니다. 우리가 좋은 음악을 듣고 좋은 노래를 부르는 이유가 거기에 있습니다. 어제가 정월 대보름날이었는데, 곧 반달이 되지 않겠습니까? 이런 노래를 부르면서라도 건강한 정서를 소유하십시오. 지난주 안양에 심방을 갔는데 안양으로 이사간 집사님이 제가 하모

니카 부르는 모습이 너무 귀여워서 매주일 우리 교회에 오신다고 합니다.

♪ 푸른 하늘 은하수 하얀 쪽배엔 / 계수나무 한 나무 토끼 한 마리
돛대도 아니 달고 삿대도 없이 / 가기도 잘도 간다 서쪽나라로

뿐만 아니라, 우리는 인간이 할 일은 최선을 다해야 할 책임도 있습니다. 그래서 사도 바울도 이렇게 고백하지 않았습니까. "내 안에서 능력으로 역사하시는 성령을 따라 내가 수고를 다하노라"고 말입니다.

골 1:29 이를 위하여 나도 내 속에서 능력으로 역사하시는 이의 역사를 따라 힘을 다하여 수고하노라

그러므로 우리가 마스크를 써야 할 때는 쓰고, 손도 자주 씻고, 면역력에 좋다는 감태, 마늘, 양파 같은 음식도 챙겨 먹어야 합니다. 또한 한의원이나 건강원에 가서 보약도 지어 드십시오. 사람이 해야 할 일은 꼭 해야 합니다.

이처럼 인간이 해야 할 일에 최선을 다하면서 치료의 하나님을 믿고 그분의 말씀에 순종하며 사명을 붙잡고 살아가는 사람에게는 하나님께서 모든 바이러스를 막아주시고 차단시켜 주실 줄을 믿습니다. 그러므로 여러분은 치유하시는 하나님을 믿으시기 바랍

니다. 언제나 하나님 말씀을 가까이하며 하나님의 은혜를 깨닫고 순종하고 헌신하시기 바랍니다. 그리고 건강한 정서를 소유하며 여러분이 할 수 있는 최선의 노력도 다하시기 바랍니다.

   그럴 때 여러분은 코로나바이러스도 이기고 그 어떠한 질병도 이길 줄 믿습니다. 그렇게 해서 여러분 모두가 이 시대의 푸른 별들이 되시기 바랍니다. 이 시대 카타콤베의 영적인 푸른 별들이 되시기 바랍니다.

이처럼 코로나 위기 속에서 오히려 역설적 헌신의 메시지를 전하며 치고 들어갔다. 장문의 설교문을 전체 게재한 것은 코로나 사태가 일어나고 목회자와 성도들이 패닉에 빠졌을 때, 더 절박한 심정으로 전했던 설교의 역사를 기록으로 남겨놓고 싶기 때문이다. 이런 때일수록 하나님을 더 사랑하고 하나님을 더 가까이해야 한다고 강조한 것이다.

   다윗도 죽음을 바로 눈앞에 둔 절체절명의 위기 상황 속에서 오히려 하나님께 낙헌제를 드렸지 않은가. 다윗이 십 황무지에 거주하고 있을 때 십 사람들이 사울에게 고발하여 사울의 군사들이 다윗을 잡으려고 쫓아왔다. 이제 다윗은 완전히 독 안에 든 쥐 신세가 되어 꼼짝없이 죽게 되었다. 그런데 다윗은 그런 최악의 상황에서도 절망하거나 낙담하지 않았다. 오히려 자신 안에 있는 신앙의 열정을 회복하여 역설적인 감사와 찬양을 드렸다. 그러면서 주님 앞에 낙헌제를 드리겠다고 서원하였다.

시 54:6 내가 낙헌제로 주께 제사하리이다 여호와여 주의 이름에 감사하오리니 주의 이름이 선하심이니이다

다윗이 낙헌제를 드렸을 때 놀라운 기적이 일어났다. 블레셋 군사들이 이스라엘 수도 기브아를 쳐들어온 것이다. 그래서 다윗을 죽이려던 사울의 군사들이 어쩔 수 없이 돌아가고 말았다.

삼상 23:27-28 전령이 사울에게 와서 이르되 급히 오소서 블레셋 사람들이 땅을 침노하나이다 이에 사울이 다윗 뒤쫓기를 그치고 돌아와…

이 얼마나 기가 막힌 하나님의 반전의 역사인가. 이 얼마나 아슬아슬한 스릴이 넘치는 극적인 드라마란 말인가. 다윗이 고난과 위기의 순간에 오히려 신앙의 열정을 회복하고 역설적 감사를 드려서 놀라운 반전의 역사를 만들어낸 것이다.

나 역시 코로나 위기 속에서 더 신앙의 열정에 불을 붙이는 설교에 집중했다. "카타콤의 푸른 별들이 되라"는 설교 이후에 "하얀 눈송이가 하고팠던 말", "마음의 구정물통을 정화하라", "마음의 문설주에 피를 바르라", "두려워하지 말고 믿기만 하라", "당신은 존귀한 자입니다", "당신의 신랑은 어디 있습니까", "영혼의 장막을 뉴 포맷 하라", "우리 다시 꽃으로 만나요", "다시 웃으며 가세요", "불이 화르르!" 등 모든 주일설교의 주제를 예배론, 교회론에 맞추어 하였다.

주일저녁예배도 "예수님의 보혈의 능력", "하나님이 우리를 위하

시면", "영화로운 옷을 입고 정결한 관을 쓰라", "믿음이란 무엇인가", "하나님의 손바닥에 새긴 성도여", "코로나블루를 극복하라" 등 믿음의 본질과 은혜, 능력을 강조하는 설교를 하며 성도들의 흔들리는 믿음의 중심을 잡았다.

코로나 사태가 일어나자마자 특별새벽기도회를 선포하고 스가랴의 여덟 가지 환상을 예배론, 교회론으로 연결하며 결코 순금등대의 불을 꺼뜨려서는 안 된다는 것을 강조했다. 금요철야기도회도 그동안 해 오던 "크리스천 영성 시리즈"를 중단하고 "아라우나 타작마당으로 가라", "벧엘의 제단으로 올라가라", "여호와 삼마" 등 철저하게 예배신앙에 초점을 맞추어서 설교의 흐름을 이어갔다.

코로나로 인하여 잠들어버린 성도들의 신앙의 열정을 다시 깨우고 회복시키기 위해서는 목회자가 먼저 다윗처럼 신앙의 열정을 회복하고 역설적 낙헌제를 드리는 모습을 보여야 한다. 그리고 성도들의 가슴에 신앙의 열정을 회복시켜야 한다.

6) 뉴 ACTS29 운동

ACTS29 운동은 한국교회에서 하용조 목사님이 제일 먼저 시작하셨다. 합동교단의 지도자이자 제자훈련의 선구자이셨던 옥한흠 목사님도 같이 제안을 했다. 미국에서는 팀 켈러와 그의 제자인 매트 챈들러 목사가 주창했다. ACTS29운동은 사도행전 28장으로 끝나는 것이 아니라 계속해서 사도행전적 원형교회를 세우자는 운동이다. 교회를 교회답게 세우는 운동이다.

그러면 교회다운 교회가 무엇인가. 사도행전 2장에 나오는 사도성을 가진 원형교회다. 이것은 신사도 운동을 말하는 것이 아니다. 필자의 저서《미래교회 서바이벌》에서 사도적 교회를 강조한 바 있다. 사도적 교회(성육신적 교회, 사도행전적 교회)는 예수 그리스도의 복음(말씀)의 역동성이 이끌어가는 교회, 성령이 핸들링하는 교회, 진정한 공동체 교회, 한 사람, 한 영혼에 관심을 집중하는 교회, 작은 교회의 모습을 유지하려는 교회, '지역교회' 혹은 '선교적 교회'를 지향하는 교회이다.

다시 말하면 사도행전과 사도들이 세운 교회의 신조를 그대로 믿고 실천하는 운동이다. 그런데 한국교회는 여전히 제도적이고 전통적이고 율법적인 교회로 가는 것이 아쉽다. 교회를 세우는 것이 아니라 교회 안에서 옳고 그름을 판단하고, 싸우고, 제도권 안에서 교권 싸움을 하며 편가르기를 한다.

코로나 위기 때는 어떻게든지 공적 마인드를 가지고 교회를 세우려고 해야 하는데 온라인 예배가 옳은가, 틀린가를 가지고 찬반논쟁을 하기도 하였다. 이제라도 조금 늦었지만 한국교회를 다시 세우는 교회 세움의 운동을 해야 한다. 그러기 위해서는 제도적 교회에서 네트워크 처치로 나아가야 한다.

개교회도 중요하지만 먼저 교단 안에서 네트워크를 해야 한다. 또한 교단과 교단끼리 네트워크를 해야 한다. 그런데 교단들이 너무 정치적이고 제도적이고 전투적인 교권싸움을 하며 내부소모전을 일삼고 있다. 이제라도 교단 안에서 형제의식과 지체의식을 회복하고 서로 연결하고 연합하는 네트워크를 이뤄야 한다. 그리고 교단을 넘어서 한국교회 전체를 살리는 네트워크를 이뤄야 한다. 뿐만 아니라 한 사람 한 사람이 처치 플랜터가 되도록 해야 한다. 한국교회는 지금 제자훈련으로 머물러서는 안 된다.

복음서의 제자와 사도행전의 제자는 분명히 차이가 있다. 복음서의 제자는 그리스도의 도를 따르는 수준이었지만, 사도행전의 제자는 수많은 핍박과 환난 중에서도 복음을 전할 뿐만 아니라 교회를 세우는 처치 플랜터의 성격이 더 강하다. 지금은 제자훈련도 업그레이드해서 처치 플랜터 교육을 하고 훈련을 시켜야 한다.

그런데 한국교회는 지금도 너무 많은 소모전을 벌이고 있다. 나는 누가 뭐라 해도 교회 생태계를 살리고 처치 플랜터의 선구자 역할을 했다. 반이슬람, 반동성애, 차별금지법, 종교인과세 등 반기독교 악법을 막고 교회 생태계를 지키는 데 앞장섰다.

이것은 사회적 교회운동을 한 것이다. 그런데 사회적 교회가 너무 지나치다 보니까 정치적 교회로 가 버린 것이다. 애국을 하고 나라를 지킨다는 명분은 좋았지만 이룬 것은 하나도 없고 그야말로 한국교회에 너무나 큰 정치적, 이미지적 리스크를 주었다.

손자병법에서도 전세가 불리할 때는 승산이 없는 싸움은 피하고 훗날을 도모하라고 했다. 군사를 이끄는 장수는 지형과 기후, 바람의 방향을 살피며 싸울 것인가, 물러날 것인가를 결정해야 한다. 그런데 한국교회 일부는 전략적이었다기보다는 무모한 전투를 했다고 볼 수 있다. 어느 한 정파와 정부를 공격하더라도 합리적으로 소통하면서 해야 하는데 균형감을 잃고 말았다.

너무 정치 전면에 나서고 정치 현장 깊숙이 들어가 정치를 바꾸려고 하다가 정치적 심판을 받았다. 한국교회의 대사회적 이미지에 큰 타격을 입히고 브랜드가 추락하면서 사회적 영향력을 상실해 버렸다. 그러므로 코로나 이후에 한국교회는 상식과 합리적인 소통의 범주 안에서 대화하고 설득하는 노력을 해야 한다. 이념과 정파를 떠나 사회의 아픔과 상처에 공감하며 뉴 비전을 제시하는 건전한 교회 세움 운동을 해야 한다.

가장 시급한 것은 복음적 교회를 세우는 것이다. 그다음 복음적인 교회끼리 네트워크를 이루어 무너진 한국교회를 내적으로 세우고 실추된 교회 이미지와 브랜드를 다시 세워야 한다. 이렇게 서로 연결되고 연합된 교회의 힘, 그리고 그 교회의 힘을 축적해서 다시 사회적 리더십을 회복해야 한다. 그러기 위해서 코로나 이후에 한국교회가 연합하여 뉴 ACTS29 운동을 해야 한다. 사실 나도 ACTS29 운동을 개념적으로만 생각하고 대수롭지 않게 여겼는데 다시 뉴 ACTS29 운동을 펼쳐야 함을 절실히 느낀다. 그것이 아니면 코로나 이후에 무너져가는 한국교회를 다시 일으켜 세울 수가 없다.

2. 성경적 신앙을 시대 트렌드에 맞게 리포맷(reformat)하기

코로나 사태가 일어나면서 사람들은 부와 명예, 권력 그 무엇보다

'생명'이 중요하다는 인식이 극대화되었다. 이제는 누구도 못 믿는다. 자신의 생명과 건강이 중요하다는 것을 깨달았다. 코로나뿐만 아니라 또 다른 신종 바이러스가 온 세상을 강타하여 세계적 대재앙이 오고 팬데믹(Pandemic)이 발생할 수 있는데 어디로 도망가겠는가.

과거에는 이러한 공포감이 들 때면 해외로 도피하기도 했지만 이제는 어디로도 피할 곳이 없다. 그렇다고 국내 어느 장소도 안전한 곳이 없다. 어느 누구도, 가족도, 심지어는 내 자신도 믿을 수 없는 세상이 되어 버렸다. 그래서 갈수록 사회적, 정서적 거리 두기는 확대되고, 인간 불신이 더 극대화될 것이다. 이제 인간이 믿고 의지할 수 있는 대상은 신뿐이라는 것을 더 확연히 인식하게 될 것이다.

신에 대한 동경, 신에 대한 의지가 확대되면서 과거 어느 때보다 한국교회의 역할이 커졌다. 한국교회가 이 기회를 잘 살리면 다시 살아날 수 있고, 아니면 반의 반 토막이 날 수도 있다. 그런 의미에서 한국교회는 성경적 신앙을 시대 트렌드에 맞게 리포맷할 필요가 있다.

1) 양극단의 이념에 편승하지 않고 하나님 중심의 신앙 갖게 하기

기독교는 하나님 중심이다. 성경에는 좌우의 개념이 있다. 우리가 일반적으로 성경의 진리를 지키고 가치를 지키는 데는 보수적 라인에 서야 한다. 그러나 사회를 개혁하고 약자를 섬기는 데 있어서는 진보적인 라인에 설 필요도 있다.

개항 이후에 초기 기독교 선교사들이 교회도 세웠지만, 학교를 세워 한글을 보급하며 계몽운동을 하고, 병원을 세워 약자들을 돌보았던 것은 진보적 마인드가 아니었으면 불가능한 일이었다. 여성 인권과 신분해방, 3·1운동을 비롯해서 독립운동을 주도했던 것은 가난과 질병, 차별과 억압 속에서 고통받던 사람들과 함께하며 사랑과 섬김을 보이셨던 예수님의 정신을 이어받은 것이다.

사실 3·1운동 당시 미국 선교본부에서는 선교사들의 정교분리 원칙을 고수했다. 그러나 선교사들이 볼 때 일제의 만행은 너무 잔인하고 반민주주의적, 반휴머니즘적, 반근대적이었다. 선교사들은 고통당하는 우리 민족의 고난과 아픔을 외면할 수가 없었다. 그래서 외적으로는 정교분리 원칙을 지키면서도 자신의 신앙 양심과 소신을 가지고 진정한 자유와 평화, 박애, 인권을 가르치며 백성들의 잠든 의식을 깨우고 계몽시켰다. 그 결과 선교사들의 교육을 받은 미션스쿨 학생들이 거리로 나가서 3·1운동을 일으키는 기폭제가 된 것이다.

3·1운동 당시 대부분 목사와 장로들은 정치적 행보로 비칠 수 있다고 생각해서 나서는 것을 꺼려했다. 그럴 때 남강 이승훈 장로는 당시 영성운동의 거두요, 목회자들의 정신적 지주 역할을 하고 있던 길선주 목사를 찾아가 기독교인들이 독립운동에 앞장서야 한다고 호소하였다. 이승훈 장로의 간곡한 호소에 사회 참여에 거리를 두고 있던 길선주 목사가 방향 선회를 하자 목회자들의 인식이 전환되기 시작했다. 목양의 영역이 교회를 넘어 민족적, 국가적으로 확대

된 것이다.

그래서 당시 기독교인 숫자는 적었지만 3·1운동을 가장 적극적으로 주도하고 독립운동을 하게 되면서, 민족 종교로 자리매김하며 폭발적 부흥의 발판을 마련할 수 있었다. 이처럼 기독교는 진보적이고 개혁적인 성향을 가지고 시대를 이끌어가고 역사를 변화시켜야 한다. 그러므로 오늘날도 기독교가 대한민국의 정통성과 가치를 지키거나 반기독교적 동성애나 이슬람의 유입을 막기 위해서는 보수적인 마인드를 가져야 한다.

그러나 사회적 약자를 섬기고 소외 계층을 배려하며 함께 나누고 베푸는 데 있어서는 개혁적이고 진보적인 마인드를 가져야 한다. 자본주의와 시장경제의 구조 속에서도 교회는 노블레스 오블리주, 즉 공유개념과 플랫폼 정신을 추구해가야 한다. 국가 주도로 지나치게 공유제도를 만드는 건 무리한 면이 있을지 모르지만 그래도 그 공유와 플랫폼의 정신은 계속 추구해가야 한다.

특별히 평화와 통일에 있어서도 교회는 진보적인 입장을 가져야 한다. 한국교회가 통일 시대를 열어가야지 늘 폐쇄적인 마인드만 가져서야 되겠는가? 북한을 다녀왔다고 해서 무조건 종북 주사파라고 공격하면 안 된다. 대북정책에 있어서는 좌우가 있을 수 있지만, 통일정책에 있어서는 진보와 보수를 넘어서 민족의 내일을 열어가는 안목을 가져야 한다.

그러므로 우리는 국가 안보를 철저하게 강화하고 한미관계를 돈독히 강화하면서 북과 대화하고 교류하는 데 물꼬를 터 가야 한다.

그렇다고 해서 주사파 사상을 가지고 종북적 통일을 하자는 것이 아니다. 우리의 통일의 지향점은 예수 그리스도 안에서 피 흘림이 없는 복음적 통일을 하는 것이다. 정부는 서로 견제하고 충돌하지만 종교는 그런 것이 아니지 않는가?

열심당원의 오판과 실수

특별히 교회는 예수 그리스도의 사랑을 선제적으로 베풀며 인도적 차원에서 예수 그리스도의 이름으로 좋은 일들을 많이 해야 한다. 물론 대한민국의 정체성과 가치를 분명히 지키며 사상적 무장을 하면서 말이다. 다시 강조하지만, 결코 신앙 위에 이념이 있으면 안 된다. 진보든 보수든 가장 위험한 것이 이념 논리를 신앙화하는 것이다. 신앙과 이념이 잘못 만나면 신앙이 이념의 도구로 전락하고 정치적, 교조적 기독교로 타락하게 된다.

예수님 당시에 시대 논리와 이념으로 볼 때 열심당원은 애국자 중 애국자였다. 많은 국민의 지지를 받았다. 그러나 예수님은 그들을 지지하지 않았다. 오히려 열심당원 출신 제자를 '칼을 든 자는 칼로 망한다'고 책망했다. 그런 의미에서 한국교회는 어느 이념이나 정파에 치우치지 않고 균형감을 회복해야 한다.

나는 이런 이야기를 해서 비판을 참 많이 받았다. 그러나 성도들에게 하나님 중심의 신앙을 가르치고 성경의 진리와 신앙의 본질을 가르쳤다. 우리는 가장 먼저 하나님 중심 신앙을 붙잡아야 한다. 그리고 한국교회를 지키기 위해서 필요할 때 사회적 연결을 하는 것이지 절대로 이념이나 정파가 하나님 말씀 위에 있어서는 안 된다. 물론 사회주의는 단연코 반대해야 한다. 사회주의나 종북 좌파로 가면 안 된다.

그러나 결코 하나님을 어느 한 사상이나 정파에 끌어들이면 안 된다. 또 교회의 어떤 직함이나 한국교회의 이름을 가지고 정치에 이용하려고 하면 안 된다. 오로지 하나님 중심이 되어야 한다. 그럴 때 교회 안에 기적이 나타나고 치유와 신유의 역사가 나타나는 것이다. 오직 하나님 중심의 신앙을 회복할 때 교회 안에 여러 가지 초자연적인 역사가 나타난다. 그러면 세상이 교회를 어떻게 보겠는가. 어떻게 세상이 교회를 업신여기겠는가.

2) 정치적 부족주의를 벗어나 신앙적 화합주의로 변화시키기

예일대 로스쿨 교수 에이미 추아는 《정치적 부족주의》라는 책을 썼다. 21세기 현대인은 민족, 국가, 좌우 등 거대한 담론보다 자기가 속한 단체를 중시하는 일종의 귀속 본능, 부족 본능이 강하다는 것이다. 막연히 진보 대 보수, 흑인 대 백인의 기존 관념으로 보면 오판을 하기 쉽고, 일종의 집단적 이익주의 관점에서 보아야 올바른 해법을 찾을 수 있다는 것이다.

우리나라도 단순히 영·호남, 보수와 진보, 부자와 빈자 등 기존의 대립 관점에서 벗어나 소속 집단에 따라 움직이는 정치적 부족주의 현상을 유념해야 한다. 지금 한국교회는 '정치적 부족주의'를 제대로 이해하고 대처하고 있는가. 교회마저 정치적 부족주의에 함몰되어 사회갈등을 야기시키고 정치 바람에 휘말리고 있지는 않았는가.

목회자는 절대로 정치 바람에 휘말려서는 안 된다. 이럴수록 성령의 바람, 은혜의 바람을 일으키고 신앙의 본질을 강조해야 한다. 결코 교회 안에 정치적 부족주의가 생기면 안 된다. 한동안 어느 광장 집회가 열릴 때, 어떤 교회는 구역예배를 드리면서도 성도들끼리 싸웠다고 한다. 이것은 교회의 비극이 아닐 수 없다.

그런데도 목회자는 서로 상처 받을까봐 전혀 터치를 안 하고 방치하기도 했다. 그러나 나는 확실하게 이야기했다.

"교회는 정치하는 곳이 아니다. 교회는 하나님을 섬기는 곳이다. 정부가 잘못 가면 비판해야 하지만 교회는 정치적 부족주의에 빠져서 반정부 운동을 하고 대통령을 끌어내리려고 하는 곳이 아니다. 우리가 자유민주주의 체제 아래서 신앙의 가치관을 갖고 표로 심판하고 상식적으로 해야지 이념이 신앙 위에 있으면 안 된다. 그러나 집회에 가고 싶은 사람은 얼마든지 가도 좋다. 그러나 내가 동원해서 갈 수는 없다."

그래서 우리 교회는 정치적 부족주의 현상이 나타나지도 않았고 어느 기관이나 구역에서도 서로 파가 갈라져 싸우지도 않았다. 그런데 일부 한국교회가 반정부적인 운동에 앞장서면서 정치적 부족주의 현상을 보였다. 당연히 반정부운동을 할 때는 해야 한다. 그러나 너무 정치적인 방법으로 하니까 극소수의 세력에게는 환영을 받을지 모르지만 더 많은 국민들에게는 부정적인 이미지를 심어주고 혐오세력으로 비치는 것이다.

물론 나 역시 성경적 가치와 기독교 진리를 지키는 데 지금까지 앞장서왔고 철저한 보수주의자다. 하지만 보수주의자라고 해서 정치적 부족주의에 사로잡힌 사람은 아니다. 진보도 넘나들고, 필요할 때는 설득하고 소통하는 사람이다. 왜냐면 현시대는 그런 리더십이 필요하기 때문이다. 이번 총선을 지켜보며 보수가 무너지는 것이 너무 마음 아팠다.

사실 보수가 어느 정도 견제해 주기를 바랐는데 너무 기울어진 운동장이었고 도저히 손을 쓸 수 없는 상황이었다. 내가 보수의 참패를 예측했다는 것이 그렇게 되기를 바랐다는 것이 아니라 이미 그렇게 보였다는 것이다. 우리 사회가 이념의 운동장이 너무 기울어져서 나도 불안한 마음이 든다. 항상 나라에는 보수와 진보가 균형이 맞아야 한다. 설사 보수가 정권을 잡더라도 진보가 견제를 해 주어야 한다.

보수도 대정부를 향하여 정신 차리도록 한 것은 박수칠 일이다. 그러나 국민의 분노를 잘 집합시켜서 전략적으로 갔어야 하는데 미래 비전이 없는 반대를 위한 반대와 막말 프레임에 갇히다 보니 국민의 외면을 받은 것이다. 한국교회도 이것을 따라가면 안 된다. 정치적 부족주의나 우리만의 성벽에 갇혀서는 안 된다.

우리는 정치적 부족주의를 벗어나 신앙적 화합주의로 가야 한다. 교회는 보수와 진보를 다 아우르는 민족의 어머니가 되어야 한다. 여도 품고 야도 품어야 한다. 여가 너무 극단적인 좌로 가면 소통하고 설득해야 한다. 그럴 리는 없겠지만, 보수진영에서 염려하는 대로 사회주의나 북한 중심의 통일을 하려고 하면 모든 수단을 동원해서 막아야 한다. 또 야가 너무 극단적 우로 가려고 하면 깨우쳐줘야 한다. 열린 보수정치를 하게 하고 겸손한 보수, 공감과 소통의 보수로 새롭게 거듭나게 해야 한다. 이게 한국사회의 조정자로서 한국교회의 역할이다.

3) 분노사회를 신앙의 방식을 통해 화해사회로 전환시키기

사람이 분노하면 판단력을 흐리게 만들고 마침내 전략의 오류도 초래하게 된다. 집단이 분노해도 마찬가지다. 판단력을 흐리게 하고 미래를 보지 못하는 것이다. 그러니까 전략의 오류를 초래할 수밖에 없다. 한동안 우리 국민들이 얼마나 분노했는가. 분명히 정권이 잘못했기 때문이다. 모 장관을 임명하면서 국민적 분노와 분열을 촉발시켰다. 자신의 정치적 소신이나 분노를 가지고 광장집회를 하는 것은 민주주의의 표현방식이고 자유민주주의 특성이라고 할 수 있다.

그러나 다시 이야기하지만, 사회적 분노는 오래가지 못한다. 그리고 분노가 가라앉으면 자신을 보고 현실을 보고 미래를 보게 되어 있다. 그런데 보수진영에서는 그것을 보지 못한 것이다. 분노를 계속해서 밀고 가고 부추기기만 했다. 한국교회 일부도 분노의 열차에 탑승하고 나중에는 주도까지 하였다. 물론 우리는 잘못된 일이 있을 때는 공분을 내야 한다. 그런데 그 공분에 너무 오래 잡혀 있지 말고 다시 침착하게 현실을 바라봐야 한다.

특별히 우리 기독교인들이 더 그래야 한다. 그리고 분노할 때 분노하더라도, 반드시 그 열매와 결과는 화평이 되어야 한다. 성경은 뭐라고 말하는가. 진정한 공의는 사랑과 입맞추고, 공의의 열매는 화평과 평안이라고 하지 않았는가.

> **시 85:10** 인애와 진리가 같이 만나고 의와 화평이 서로 입맞추었으며

> **사 32:17** 공의의 열매는 화평이요 공의의 결과는 영원한 평안과 안전이라

한국교회가 같이 분노하는 것은 좋았다. 그러나 그것을 해결하는 데 있어서 정치적인 방식이 아니라 신앙적인 방식을 선택했어야 한다. 교회가 정치적인 방식으로 정치를 바꾸려고 하는 것은 불가능하다. 우리 신앙인들이 정치인들이 자주 사용하는 구호와 분노, 투쟁 방식을 취하면 교회를 향한 신비감과 신성함을 잃어버리고 거부감을 갖게 되고 오히려 교회가 공격당하게 된다. 더구나 교회가 특정 정파와 노골적으로 결탁하면 신앙의 순수성을 상실하게 된다.

앞으로도 분노는 일상화될 것이다. 계속 분노를 부추기고 촉발시키는 움직임이 있을 것이다. 그러나 교회는 이런 분노사회를 신앙의 방식을 통해 화해사회로 전환시킬 수 있어야 한다. 그런 마음으로 국민일보에 "교회의 축복이 나라를 지킨다"는 칼럼을 썼다.

교회의 축복이 나라를 지킨다

우리 사회는 초갈등의 소용돌이가 휘몰아치면서 분쟁과 다툼, 증오와 반목의 수렁에 빠져 있다. 그러나 이는 모두가 나라를 사랑하기 때문이다. 자기 방식대로 나라를 사랑하기 때문에 더 염려하고 분노하며 소리치는 것이다. 애국심을 표현하는 방법이 달라서 그렇지 나라사랑의 진심은 같다고 본다.

우리나라는 해방 이후 동아시아 땅끝까지 쫓아오는 붉은 공산제국의 야욕 속에서도 이승만 정부를 통해 자유대한민국을 건설할 수 있었다. 그러나 아쉽게도 나라가 분단됐고 이념 갈등에 함몰돼 있다가 6·25전쟁이 터졌다.

트루먼 미국 대통령은 앞서 아시아에서 공산주의의 추가 확장을 저지하기 위한 방어선인 '애치슨 라인'을 설정할 때 한국을 제외했다. 북한의 김일성은 남한을 무력 공격해도 미국이 개입하지 않을 것이라 판단하고 스탈린의 재가를 받아 남침했다. 무방비 상태였던 우리나라는 속수무책으로 당해야 했다. 급기야 낙동강 방어선만 무너지면 대한민국도 공산화될 절체절명의 위기에 처했다.

그때 빌리 그레이엄 목사님이 트루먼을 찾아가 간곡하게 호소한다.

"대통령님, 대한민국 안에는 예수 믿는 50만 명의 성도들이 있습니다. 이들이 지금 나라를 구해 달라고 간절하게 눈물로 기도하고 있는데 포기하시겠습니까."

이 한마디에 트루먼이 감동을 받아 당장 유엔 안전보장이사회 상임이사국들을 소집하게 했다. 당시 상임이사국은 15개국이었는데 소련도 그중 하나였다. 상임이사 회의 중에 미국 대표가 "소련군이 왜 대구에 있어야 하냐"

고 공격을 하니까 소련 대표가 무안해서 바깥으로 나가버렸다. 그 순간 14개 나라가 만장일치로 유엔군을 대한민국에 보내기로 결의한 것이다. 그래서 16개국이 한국전에 참전했다.

그렇다 해도 워낙 전세가 기울어져 있는 데다 중공군과 소련군이 합세해 공격해대니 낙동강 저지선을 지키기가 쉽지 않았다. 그때 더글러스 맥아더라는 용장이 나타나 인천상륙작전을 성공시켰다. 이것이 반전의 분기점이 돼 전세를 역전시킬 수 있었다. 인천상륙작전은 불가능해 보였지만, 맥아더 장군은 기도와 믿음으로 밀어붙여 대성공을 거뒀다. 아니, 하나님의 절대주권 섭리와 역사로 대한민국을 구원한 것이다.

최근 트럼프 미국 대통령이 우리나라에 방위비 분담금을 5배나 인상할 것을 요구하며 미군 철수까지 할 수 있다고 압박했다. 만약 이것이 실제로 이루어진다면 우리나라는 어떻게 되겠는가. 그런데 미 하원의 낸시 펠로시 의장이 미국의 동맹인 한국에 대해 너무 무리하게 요구한다며 주한미군 철수는 절대로 안 된다면서 반대했다. 트럼프 역시 펠로시 의장의 의견을 존중한다며 자신의 의견을 철회했다. 물론 그는 여전히 방위비 분담금을 인상해야 한다고 압박하고 있다. 그러나 일방적으로 그렇게 되지는 않을 것이다.

지나치게 염려하는 시각으로만 보면 대한민국은 참으로 위험한 상황이라 볼 수 있다. 지금의 정부가 사회주의 정책을 추구한 면도 있다. 당연히 교회가 선지자적인 사명을 갖고 비판하고 주시해야 한다. 필요할 때는 대통령과 정부의 정책에 반대해 시위도 하고 집회도 할 수 있다.

그러나 적어도 대한민국이 곧 망할 것처럼 극언을 쏟아내지는 말자. 비관적이고 어려운 상황일수록 더 희망을 선포하자. 이 시대와 정부를 비판하고 공격하더라도 대한민국 자체에 대해서는 희망을 노래하며 축복해야 하지 않는가. 그것이 교회와 신자의 마땅한 도리가 아니겠는가. 어떻게 세워진 나라인데 대한민국이 금방 사회주의화되고 북한에 점령되겠는가. 우리에게는 71년이라는 자유민주주의의 역사가 있고 헌법이 있고 정신적 내공이 있지 않은가.

임시정부와 이승만 정부의 기초는 기독교 정신이었다. 그래서 이 나라는 기독교 정신과 교회의 축복으로 이어져 왔다. 그러므로 새해에는 한국교회가 첫 새벽 바다로 출항하는 배처럼, 푸른 희망의 뱃고동을 울리며 축복의 연가를 부르자. 우리가 그 역사를 지키며 축복하고 또 축복하자. 한국교회의 기도가 대한민국을 지켜낼 것이다.

- 2020. 1. 16 국민일보 시온의 소리

4) 과거적 신앙보다 미래적 신앙으로 바꾸기

최근 유튜브 흐름을 보면 보수진영 유튜브는 분노를 부추기고 공격을 한다. 반면에 진보진영의 유튜브는 웃으면서 아주 재밌게 한다. 과거에는 진보진영 유튜브들이 주로 비아냥거리고 조소하는 내용들이 많았다. 그런데 이상하게 보수가 그런 흐름을 따라가고 오히려 진보는 놀이를 즐기듯 스마일하게 하는 것을 본다. 나는 진보 유튜브의 내용을 본받자는 것이 아니다. 그들이 취하는 시대 트렌드와 감각을 읽어야 한다는 것이다.

교계 선거도 보면 다급한 쪽이 상대방의 약점을 찾아서 물고 뜯고 공격하는 것을 본다. 여유로운 사람은 절대로 그렇지 않다. 네거티브에 평정심을 잃지 않고 정책과 비전을 제시하며 자기의 길을 간다. 한국교회도 코로나 위기가 끝나고 나면 온라인 예배가 옳았느니 틀렸느니, 이런 것을 따지지 말자. 우리부터 먼저 화해하자. 우리부터 하나 되어 과거적 신앙보다 미래적 신앙으로 바꾸어 나가자.

주로 보수진영을 보면 대부분 과거지향적이다. 그런데 진보진영을 보면 미래지향적이다. 4·15총선을 봐도 진보진영은 새로운 인물을 대거 영입하고 현재와 미래의 코로나 극복을 강조했다. 그러나 보수진영은 과거의 마인드로 정죄와 심판을 강조했다. 그리고 여러 공천 파동을 하면서 다툼과 분열의 모습을 보였다. 과거적 마인드를 가지고 낡은 전략을 구사하다 참패한 것이다.

한국교회도 이런 현상을 통해서 배워야 한다. 한국교회도 미래지향적인 정책과 이슈를 가지고 나아가야 한다. 지금 한국교회는 이념, 정치 프레임에 갇혀 있다고 봐야 한다. 여기서 서로 잘했느니, 못했느니 보수와 진보로 나뉘어 정치적 부족주의의 노예가 되면 안 된다. 한국교회가 하나 되어서 새로운 정책과 비전을 제시하며 사회적 어젠더를 이끌어가야 한다.

한국교회는 앞으로 사회적, 정치적 공격을 받을 가능성이 많다. 여러모로 좋지 않은 프레임을 씌워서 공격할 것이다. 이럴 때 한국교회는 프레임에 갇히면 안 된다. 오히려 미래지향적 정책과 비전으로 새로운 프레임을 만들어야 한다. 교인들에게 코로나 이후의 시대 흐름 속에서 어떤 세계관과 가치관을 가지고 살아야 하는가, 사회 트렌드에 어떻게 창조적으로 대응하고 시대를 주도해 갈 것인가를 가르쳐 주어야 한다.

4·15총선은 끝났지만 한국교회가 지금부터 단단히 준비하여 2022년 대선과 22대 총선에서는 다시 선한 영향력을 회복할 수 있어야 한다. 이번에 실패한 기독교 정당을 다시 복원하려면 지금의 포맷으로는 안 된다. 시간도 부족했고 너무 뻔하고 올드한 방법으로 접근해서 참패했다. 미래를 위해 공감과 소통, 감동이 있는 뉴 포맷을 설정해야 한다. 한국교회 일부가 의협심과 애국심만을 가지고 되는 것이 아니다. 이것은 어디까지나 한국교회 전체가 합의한 가운데 해야 한다.

4장
다시 교회세움운동(처치 플랜팅: Church Planting)의 방향

1. 집회 회복 차원에서의 교회 세움(처치 플랜팅)

필자가 생각할 때 이 책이 출판되기 전까지는 한국교회 예배를 정상적으로 드릴 수는 없을 것으로 보인다. 초·중·고등학교 개학도 좀 더 미루어질 것이고 대학 같은 경우는 완전히 온라인 학기로 전환하는 곳도 많을지 모른다. 4월 19일에 정세균 국무총리가 "5월 5일까지는 사회적 거리 두기의 근간을 유지하면서, 일부 제한을 완화하겠다"고 밝혔다. 그리고 "종교시설 등 4대 밀집시설에 대해서는 방역지침 준수명령을 유지하되, 운영중단 강력권고는 해제하겠다"고 했다.

그러면서 상황을 지켜보며 5월 6일부터는 순차적으로 일상생활 속에서 거리 두기를 실천하는 '생활 속 거리 두기', '준사회적 거리 두기'로 전환하는 방안을 검토하겠다고 하였다. 조만간 학교가 개학이 된다 하더라도 사회적 거리 두기는 바로 해제되지 않고 준사회적 거리 두기로 단계만 낮출 가능성이 많다. 이러한 사회 흐름으로 볼 때 코로나 이전의 일상적인 예배를 드릴 정도로 사회적 합의와 정서적인 용인이 있으려면 좀 더 시일이 걸릴 것으로 보인다.

물론 우리는 그전에도 당연히 예배를 드려야 한다. 예배 없는 교회가 어찌 교회가 될 수 있겠는가. 그러나 사회적 거리 두기와 상관없이 일상적 예배를 드리는 것은 조금 더 시간이 걸릴 것이라고 예측이 된다는 말이다. 물론 지금도 코로나가 종식되어 가는 과정이기 때문에 각 교회 형편에 따라서 할 수 있다. 그러나 코로나 이전의 본래 상태로 돌아가기 위한 복원력을 갖는 데는 더 많은 시간이 필요하다고 본다.

그러므로 어느 기간이 지나면 정부에서도 더 이상 종교집회를 막거나 자제해 달라고 문자를 보내서도 안 된다. 한국교회는 더 이상 밀리지 않을 것이다. 특별히 교회 집회만 제재를 하려고 하면 교회는 분노할 것이다. 그런데 더 큰 걱정은 과연 한국교회가 일상적인 예배를 드린다고 문을 열고 성도들을 초청하고 동원을 해도 얼마나 올 것인가 하는 문제다. 아마 50% 이상 모이는 교회는 거의 없으리라고 본다. 그런 교회는 몇 손가락 안에 들 것이다.

그래서 적절한 시기에 한국교회 연합기관과 각 교단에서는 서로 합의해서 일상적 예배를 드리는 D-day를 정해놓고 전체적으로 준비를 해야 한다. 나는 다급한 마음으로 부활절을 앞두고 예배를 중단했던 교회도 부활절 예배만큼은 반드시 드려야 한다는 뜻에서 국민일보에 칼럼을 썼다.

4·12, 한국교회의 갈림길이 될지도

한국교회는 지금 부활주일을 앞두고 부활주일 예배를 드릴 것인가, 말 것인가 하는 심각한 기로에 서 있다. 한국교회는 "교회가 정부와 광역시·도가 원하는 수칙을 자발적으로 지킬 테니 예배를 간섭하거나 행정명령을 내리지 말아 달라"고 선제 대응을 해야 했다. 그러나 선제 대응 없이 나중에 정부를 향해 '종교 탄압'이니 '예배 방해'니 하는 말을 하면서 정부와 충돌하기 시작했다.

분명 좋은 모양새가 아니었다. 정부로서는 당연히 감염을 막아야 한다. 한국교회 연합기관과 교단은 선제적 대응을 하면서 교회 전체를 지도했어야 한다. 그런데 그렇게 하지 못하다 보니 교계 안에서도 예배 진행 쪽과 반대쪽으로 나뉘었다.

교회는 그 어떤 경우도 예배를 포기할 수 없다. 동시에 이웃을 사랑하고 생명을 존중해야 한다. 따라서 교회는 코로나 위기 중에도 절대 예배를 포기하지 않으면서 이웃의 생명을 존중하고 감염을 막아야 할 책임이 있다. 이 두 가지를 만족시키는 길은 예배를 최소화하면서도 그 예배 실황을 온라인으로 송출하는 것이다. 작은 교회는 소수 성도로 예배를 드리면서 동시에 가정예배 매뉴얼을 제공하는 것이다. 알아보니 예배를 포기하는 곳이 꽤 있을 뿐 아니라, 코로나블루(우울함)가 한국교회를 온통 지배하고 있다. 이런 분위기를 어떻게 극복하고 다시 교회를 세울 것인가.

첫째, 목회자가 먼저 자성하고 회개해야 한다. 대구·경북 지역은 예외로 해야 하겠지만, 우리가 너무 일찍 겁을 먹고 정부와 쉽게 타협을 하고 예배를 포기해 버리지는 않았는지, 뒤늦게 예배 강행이라는 뒷북을 치는 우를 범하지 않았는지 자성하고 회개해야 한다. 관련 기사들에는 적어도 1만 건 이상의 악성 댓글이 달린 것을 본다. 그만큼 우리의 분열적 사고가 선교의 입지를 좁혀가고 있다. 이 모든 것은 목회자의 책임이다.

둘째, 서로 비난하고 논쟁하며 분열하는 일을 그쳐야 한다. 지금은 '온라인 예배가 타당한가', '온라인 예배로 왜 전환했는가' 등을 주제로 논쟁하고 비난할 때가 아니다. 21세기목회연구소 김두현 소장은 9~10월이 오면 소형

교회는 물론 중·대형교회를 포함해 30% 안팎의 교회가 극심한 위기를 겪을 것"이라고 예측한다. 연합하고 격려하며 코로나 이후를 대비해야 할 때다.

셋째, 예배를 회복해야 한다. 교회는 정부가 요구하는 수칙을 반드시 지켜야 한다. 교회가 슈퍼감염집단이라는 빌미를 줘서는 안 된다. 동시에 예배를 포기해서도 안 된다. 나는 이재명 경기도지사와 간담회를 할 때 "도에서 열악한 개척교회나 소형교회가 예배를 잘 드릴 수 있도록 마스크와 손 소독제 등 방역을 지원해 달라"고 건의했다.

중·소형교회도 예배 공간이 좁으면 몇 번 나눠서라도 예배를 드릴 수 있다. 예배를 포기하는 것은 우리 신앙과 하나님 섬김을 포기하는 것이나 마찬가지다. 코로나19 사태 이후 예배를 전적으로 포기하는 교회들에 나는 감히 이번 부활주일만큼은 반드시 예배를 드려야 한다고 제안한다.

코로나 위기는 한국교회를 향한 하나님의 시험인 측면도 있다. 그러므로 이번 부활주일마저 예배를 포기한다면 우리는 하나님의 시험에 스스로 낙오되기를 선택하는 것과 마찬가지다. 장로들의 유전과 전통을 지키기 위해 안식일을 지켰던 바리새인들처럼 예배를 강행하자는 말은 물론 아니다. 정부 시책에 맞서자는 것도 아니다. 이웃의 생명을 존중하고 정부 방침을 지키면서도 부활주일만큼은 예배를 축소해서라도 드리자는 것이다. 그리고 부활절 감사헌금은 소외된 이웃을 구제하거나 작은 교회를 섬기는 데 사용하자. 4월 12일 한국교회는 시험의 갈림길에 서게 될지도 모른다.

- 2020. 4. 9. 국민일보 시온의 소리

아무튼 한국교회 일상예배 회복을 위해서 한국교회 전체가 D-day를 정해야 한다. 그리고 그날은 한국교회 새출발의 날이 되어야 한다. 마치 이스라엘 백성들이 바벨론 포로에서 고토로 돌아온 것처럼, 우리도 그날을 현장예배로 돌아오는 기대와 설렘을 갖도록 해야 한다. 이스라엘 백성들이 바벨론 포로가 되어 그발 강가에서 그토록 애절하게 고토를 그리워하다가 70년 만에 돌아왔다.

이스라엘 백성들은 3차에 걸쳐 귀환하였는데, 스룹바벨과 여호수아를 중심으로 1차로 돌아온 사람들은 정말 대단한 사람들이었다. 그들은 감격에 겨운 희망의 연가를 부르며 젖은 눈동자, 뜨거운 목젖, 벅찬 가슴으로 돌아왔을 것이다. 우리도 현장예배 D-day를 정하고 시온의 영광이 빛나는 아침을 향한 기대와 설렘을 갖도록 해야 한다.

그러기 위해서 먼저 총력으로 모이는 모임 운동을 해야 한다. 연합기관뿐만 아니라 전 교단이 하나 되어 D-day를 정해놓고 그날이야말로 한국교회의 슈퍼 선데이가 되게 해야 한다. 일상예배에 출석했던 숫자가 다 나오면 참 좋으련만, 그래도 적어도 70%는 나오게 해야 한다. 그래서 다시 교회가 현장예배를 통하여 한 몸이 되고 한 공동체가 되는 모습을 보여주고 그런 예배를 참여하는 자들이 감격의 눈물을 흘리며 예배를 드리도록 해야 한다. 그러기 위해서는 한국교회 모든 목회자들이 슈퍼 리더십을 발휘해야 한다. 그 슈퍼 리더십을 발휘하기 위해서는 다음과 같은 준비를 해야 한다.

1) 예배의 포맷을 새롭게 하기

목회의 성공과 실패는 한마디로 예배의 성공과 실패에 달려 있다고 해도 과언이 아니다. 성도는 하나님의 사랑과 임재를 경험하였을 때 변화되고 신앙이 성숙한다. 그래서 목회자들은 어떻게 하면 감동적인 예배를 인도하고, 회중을 울리는 설교를 하며, 예배를 통하여 성도들을 변화시킬지 고민하고 연구해야 한다.

성도들은 예배를 통하여 신앙의 정체성을 확립하며 진정한 은혜와 감동, 참된 평안을 느끼고 만끽하기 때문이다. 그래서 목회자는 어떤 예배를 드릴 것인지, 어떤 스타일의 예배를 통해 하나님을 섬기며 교회를 든든히 세워갈 것인지에 대한 연구를 끊임없이 지속해야 한다.

그런 의미에서 코로나 이후에도 여전히 뻔한 예배를 드려서는 안 된다. 예배의 포맷을 새롭게 해야 한다. 가령, 예배 전 경배와 찬양 때부터 찬양팀은 똑같은 복장과 포맷으로 하지 말고 무언가 새로운 변화를 주어야 한다. 캐주얼하게 복장을 새롭게 입어본다든지, 찬양팀이 회중 중간중간에 서서 찬양을 한다든지, 무언가 새로운 시도를 해야 한다. 오랫동안 온라인으로만 예배를 드리던 성도들이 현장 예배에 참석하였을 때 첫 시간부터 무언가 새롭게 변화된 예배 포맷을 느끼게 해 주어야 한다.

대표기도 역시 기존에 하던 대로 진행하는 것보다는 D-day만큼은 각 기관이나 세대를 대표하는 사람들이 함께 그룹 공동기도문을 낭독하는 것도 좋은 방법이다. 공동기도문에는 코로나 사태로 인하여 우리가 하나님 앞에 온전하게 예배드리지 못한 회개와 용서, 그리고 우리 교회를 지켜주신 하나님께 대한 감사와 영광, 앞으로 더 위대하게 우리 교회를 사용하여 주실 하나님을 향한 찬양과 간구가 들어가야 한다. 또한 우리 교회를 넘어 한국교회와 시대를 향한 공적 기도와 비전도 포함되어야 한다.

그때 설교는 조금 짧게 하더라도 성도들이 함께 참여하는 시간을 많이 갖는 게 좋다. 가령 온라인 예배 동안 찍었던 눈물겨운 영상 간증이나 찬양, 가정예배 모습 등을 보여주는 것도 좋다. D-day 주일예배는 성도들이 드리는 경배와 찬양이 하얀 꽃송이처럼 올려지도록 참여와 축제의 예배가 되도록 해야 한다.

2) 감동적인 설교 준비하기

앨 고어 전 미국 부통령의 수석대변인이자 미래학 관련 저술가인 대니얼 핑크는 베스트셀러인 《새로운 미래가 온다》(A Whole New Mind)에서 "미래는 정보 중심 사회에서 감성의 시대로 변화한다"고 말했다. 그가 말하는 시대의 변화는 예술성, 공감능력, 통찰력 등 우뇌능력이 더욱 중시되는 '관념화의 시대'(Conceptual Age)이다. 과거 산업화 시대나 정보화 시대에는 암기력, 논리력, 분석력 등 좌뇌형 인재들이 인정받았다. 그러나 앞으로 감성 시대에는 우뇌형 인재들이 사회를 이끌어 갈 것이라고 간파했다.

그래서 그는 미래 감성 중심의 사회 속에서 인정받는 인재가 되려면 6가지의 능력을 갖추어야 한다고 말한다. 디자인(Design), 스토리(Story), 조화(Symphony), 공감(Empathy), 놀이(Play), 의미(Meaning)다. 이것은 한국교회 목회자들이 주목할 필요가 있다. 특별히 코로나로 인하여 심리적으로는 깊은 상처와 우울, 신앙적으로는 나태와 태만, 냉담에 빠져 있는 성도들에게 어떻게든지 들리는 설교를 해야 하고, 마음에서 마음으로 전해지는 설교를 해야 하기 때문이다.

D-day를 맞아 주일예배에 참석한 성도들에게 기존에 해오던 방식 그대로 뻔한 설교를 하면 그들의 마음을 움직이고 감동시키기가 힘들다. 목회자가 먼저 하나님 앞에 눈물겨운 회개와 용서, 목마름과 갈망, 열정과 헌신의 에토스(진성성)를 보여야 한다. 기존 매뉴얼에 따라 드리는 예배의 한 형식으로서 설교가 아닌, 정말 이스라엘 백성들이 그발 강가에서 고토로 돌아가기를 애타게 기다리며 불렀던 애가처럼, 목마른 암사슴의 광야 연가처럼 하나님을 향한 애절한 마음을 담아야 한다.

그리고 오랫동안 교회 현장예배에 참석하지 못한 성도들을 향한 그동안의 그리움과 사모함을 보여주어야 한다. 그들의 상처를 어루만지고 함께 공감하며 D-day 예배의 의미를 부여해 주어야 한다. 그랬을 때 성도들과 함께 공감하고 소통하는 감동적인 설교를 통하여 아름답고 향기로운 감동의 예배를 드릴 수 있다.

3) 현장예배에 대한 기대감 갖게 하기

성도들에게 현장예배에 대한 기대감을 갖게 해야 한다. 목사와 교역자들이 여러 방법으로 접촉하여 권면하는 것도 좋지만, 온라인 예배를 드리며 현장예배를 사모하였던 감동적인 스토리가 있는 간증자들을 세워서 이야기 공동체를 이루게 하는 것이 좋다. 바벨론 포로로 끌려갔던 이스라엘 백성들처럼, 코로나 때문에 몇 달 동안 방안에 갇혀서 창살 없는 감옥 생활을 해야 했던 사람들에게 은혜와 감동의 출구를 제공해 주어야 한다.

"온라인 예배를 드리면서 교회에 오지 못하니까 얼마나 교회가 소중한지 이제야 알았습니다. 본당에서 드리는 현장예배의 시간이 얼마나 가치 있고 감격스러운지 이제야 알았습니다. 현장예배에 와서 예배를 드리니까 흐르는 눈물을 주체할 수 없을 정도로 감동을 받았습니다."

이런 내용의 간증을 유튜브 영상으로 만들어서 제공한다든지, 예배 시간에 간증 영상으로 틀어준다든지 해야 한다.

우리 교회에는 코로나가 시작되자마자 이러한 간증 영상을 제작하여 예배 시간마다 방영하며 온라인 예배자들에게 현장예배에 대한 사모함을 잃지 않도록 했다. 간증 영상을 제작하거나 방영할 여력이 없는 소형교회는 그런 간증자를 통해서 직접 성도들에게 전화하게 하며 현장예배에 대한 기대감을 갖도록 해야 한다. 그렇게 해서 D-day에 70% 이상 성도들이 모이도록 워밍업을 해야 한다.

4) 성도와 성도끼리 연결 맺기

D-day에 앞서 미리 구역예배나 순예배를 통해서 성도와 성도를 연결시켜 주어야 한다. 솔직히 구역예배나 순예배를 안 드려도 만날 사람들은 다 만난다. 물론 조심스럽기는 하지만, 노약자와 고위험군을 빼놓고 순예배를 조심스럽게 시작하도록 해야 한다. 강제적으로 하지 말고 자연스럽게 진행해야 한다. 자신이 확진자 동선에 인접해 있다거나, 고위험군 증상이 조금이라도 있으면 양해를 구하여 참석하지 말고, 전혀 그런 것과 관련이 없는 성도들이 조심스럽게 모여서 구역예배, 순예배를 시작하도록 한다.

5) 성도와 교회 연결 맺기

성도들이 너무 오랫동안 교회를 안 나오다 보니까 교회가 낯설고 부자연스러울 수 있다. 그래서 우리 교회는 D-day에 앞서 일주일에 한 번 이상 낮에 교회 본당에 와서 기도하도록 권면하고 있다. 교회가 낯설고 멀어질 수 있는 성도들에게 서서히 교회와 가까워지게 하고 경험하게 한 것이다. 물론 우리 교회 같은 경우는 평일에 오면 경비원이 체온을 재고 까다롭게 체크한다. 그래서 미리 평일에 교회에 와서 기도할 성도들 명단을 경비실에 주어서 원활하게 교회를 출입할 수 있도록 했다. 아니면 아예 교역자가 경비원과 함께 서서 성도들을 마중하게 하였다. 그렇게 해서라도 일주일에 적어도 한두 번은 교회 본당에서 기도하며 교회와 자연스럽게 만나도록 하였다.

6) 특별기도회 참여시키기

코로나 이후에 특별새벽헌신기도와 특별밤작정기도를 하는 것도 좋다. 이때는 자신의 문제해결을 위한 기도보다는, 텅 빈 영혼을 채우고 하나님을 사모하고 갈망하며 우리의 몸과 마음을 하나님께 드리는 헌신기도회를 해야 한다. 직분자와 중직자, 사명자는 필히 참석하도록 해야 한다. 이때 목회자는 아예 24시간을 교회에서 사는 것이 좋다. 잠도 강단에서 자고, 기도 받으러 오는 분들에게는 강단에서 기도해 주는 것이다.

중직자는 필히 자기 교구나 기관에 10명 이상 성도들의 이름을 부르고 기도하며 그분들과 기도로 연결하고 네트워킹을 하게 해야 한다. 이처럼 교회를 이끌어가는 견인차와 같은 성도들이 먼저 기도하는 분위기를 만들어야 한다. 기도하는 것으로만 끝나지 말고 기도하는 10명의 사람들에게 다 전화해서 "제가 성도님을 위해 기도하고 있습니다. 하나님께서 반드시 이 코로나 위기를 이기고 승리하게 하실 것입니다. 코로나가 끝나면 우리에게 더 큰 은혜와 복을 주실 것입니다"라고 말하며 서로 영적으로 관계를 맺어야 한다.

실제로 우리 교회는 2주 동안 특별밤헌신작정기도회를 했다. 아가서에서 중요한 말씀을 가지고 솔로몬이 술람미를 초대하는 것처럼 주님께서 우리를 초대하고 있다고 강조했다. 겨울도 지나고 봄이 오고 비도 그치고 사방에 꽃이 피며 비둘기 소리가 들리는 포도동산으로 초대 받은 우리 자신들의 모습을 리얼하게 설교를 했다. 그리고 설교를 하면서 중간 중간 분위기에 맞춰서 통성기도를 했을 때 온 성도들이 눈물바다가 되었다. 그래서 성도들이 계속 더 모였다. 본당 3층까지 사회적 거리를 지키면서 1,500명 내외가 모였다.

밤작정기도회가 중요하다. 새벽기도는 1,2,3부로 하다보니 기도 시간이 짧은데 밤기도회는 기도 시간이 길어서 좋았다. 지금도 집회를 인도하는 중인데 이 분위기에 의하면 D-day에 우리 교회는 아마 70-80% 이상 모일 것으로 보인다.

7) 보랏빛 엽서 보내기

중직자는 10명에게 보랏빛 엽서를 보내고 교구는 교구대로, 담임목사는 전 교인에게 보라빛 엽서를 보내는 것이다. 실제로 나는 성도들을 애타게 기다리는 마음으로 개사를 해서 D-day 한두 주 전에 눈물로 이 노래를 부르려고 한다. 그리고 보랏빛 엽서도 보내려고 한다. 보랏빛 엽서인 이유는, 미스터트롯 우승자인 임영웅 씨가 불렀던 '보랏빛 엽서'라는 노래에서 착안을 하였다.

♪ 보라빛 엽서에 실려온 향기는
　성도의 눈물인가 이별의 마음인가
　한숨 속에 묻힌 사연 지워보려 해도

떠나버린 성도 마음 붙잡을 수 없네
오늘도 가버린 성도의 생각에
눈물로 써내려간 얼룩진 일기장엔
다시 돌아올 성도 모습 기다리는 사연

미스터트롯으로 인해 아마 보랏빛 엽서를 모르는 사람은 없을 것이다. 시각적 효과도 좋고 대중적 정서를 통하여 감성적 교감과 소통을 이룰 수 있다. '보랏빛 엽서' 노래의 일부 가사를 쓰던지 아름다운 시를 써서 감동적인 초청을 하는 것이다. 절대로 형식적이거나 일방적인 내용으로 쓰면 안 된다. '보랏빛 엽서'를 받는 사람의 마음을 위로하고 그동안의 아픔과 상처를 공감할 수 있는 내용으로 써야 한다. 이렇게 철저히 준비해야 적어도 D-day 때 일상예배의 70% 이상이 출석할 수 있다.

8) 오는 교인들을 왕처럼 모시기

D-day를 맞아 교회를 찾은 성도들을 그야말로 왕처럼 모시고 환영해야 한다. 주님의 이름으로 마음껏 격려하고 칭찬하며 맞이해야 한다. 마치 백화점에서 VIP 고객을 맞이하듯이, 안내위원들은 최선을 다해 밝은 표정과 얼굴로 환영해야 한다. D-day 당일만큼은 안내위원들을 두 배로 확충하여 교회 입구에서부터 주차장, 엘리베이터, 복도, 예배당 안까지 진심이 담긴 환영을 하며 축제의 분위기를 만

드는 것도 좋은 방법이다.

　이렇게 기쁨과 감격으로 현장예배에 참석한 성도들에게 새로운 예배 포맷과 감동적인 설교, 성도들이 참여하는 예배를 통하여 성령의 언어의 임재 사건으로 선포되는 설교로 은혜와 감동의 클라이맥스를 보여주어야 한다. D-day에 모인 성도들이 감동을 받아서 다음에 더 많은 사람들을 오게 하는 폭발력을 갖게 해야 한다.

　우리가 일상적인 예배를 드리더라도 여기서 끝나는 것이 아니다. 다시 제2의 코로나 사태가 일어날 수 있고, 신종 바이러스가 출현할 수도 있다. 전문가의 의견에 의하면 코로나가 2년이 갈 수도 있다고 한다. 우리나라가 진정이 되어도 세계적으로 재확산이 되면 또 우리나라도 재확산의 위험성이 있다는 것이다. 그러므로 우리는 코로나가 재확산되거나, 아니 또 다른 신종 코로나가 오더라도 흔들리지 않고 우리의 신앙과 교회를 지키기 위해서 다음 이하의 플랜팅 사역을 해야 한다.

코로나19 이후 새에덴교회의 뉴 포맷 축제예배 실례

　참고로 새에덴교회는 새로운 만남을 위해 다음과 같은 축제예배를 디자인하고 있다. 새에덴교회는 새로운 예배 포맷의 TF를 구성하고 5월 5일을 기점으로 사회적 거리두기에서 생활 거리두기로 완화하겠다는 정부의 결정을 의미 있게 반영하였다. 물론 향후 사태를 관망하며 D-day는 탄력적으로 결정하려고 한다. 아무튼 D-day를 정하여 교육개발원과 청년부 예배를 장년과 통합하여 '온 가족이 함께하는 축제예배'로 컨셉을 잡고 있다.

(1) 공간의 변화를 준비한다.

축제예배를 위해 공간의 변화를 준비하였다. 오랜만에 교회를 찾은 성도들에게 이전과 다른 예배당의 변화는 새롭고 변화된 이미지를 전달하는 데 매우 효과적인 수단이다. 이를 위해 교육개발원과 청년부, 장년의 감성이 모두 반영된 공간 디자인을 위해 각 부서와 기관의 전문가들로 공동팀을 구성하였다. 하지만 디자인과 메시지의 일원화를 위해 팀장을 세워 협의토록 하였다. 공간 디자인 설계에 있어 교회 외부는 아직 사회적 우려를 고려하여 최소화 하도록 하고 가급적 내부 환경 변화에 초점을 맞추었다.

(2) 환영팀의 변화를 준비한다.

출입구에서는 중직들이 성도들을 반갑게 환영할 것이다. 지하 주차장과 입구에 환영의 메시지를 담아 전하고 모든 입구에는 통일된 복장을 입은 젊은 장로와 안수집사들에게 환영의 책임을 맡긴다. 교회에서는 당일 산뜻한 색상의 보타이를 구입하여 안내위원들이 통일감을 갖도록 지원하려고 한다. 입구에 배치된 안내위원들은 통일성의 의미를 살리되 과하지 않도록 할 것이다. 또한 안내위원들의 역할을 강조하기 위해 환영의 의미가 담긴 핸드 피켓을 준비하여 사용하려고 한다.

예배당 입구에서는 교역자들이 성도들과 아이들을 반갑게 환영하도록 한다. 교역자들은 평소 자신의 위치를 지키도록 한다. 주의할 것은 예배 시간 전후에 자신의 자리를 떠나지 않도록 각별히 주의한다. 이때 그동안 얼마나 보고 싶었고 기다렸는지 하는 마음을 충분히 전달하도록 한다.

또한 교역자들도 이 주간만큼은 준비되고 통일된 복장이 필요하다. 남교역자들은 드레스 코드를 통일하고 넥타이도 동일하게 준비한다. 여교역자들은 새로운 유니폼을 준비하여 입는 것도 좋다. 이렇게 준비함으로 교회와 모든 교역자들이 이날을 위해 얼마나 기대하고 준비했는지 눈으로 볼 수 있도록 준비한다.

환경의 변화 가운데 강대상의 변화는 더 큰 핵심이다. 예배 사회 강대상과 설교 강대상이 있는데 다 제거하고, 설교 강대상만 가운데 두고 주변을 낙원과 같은 디자인을 하려고 한다. 하지만 무엇보다 중요한 것은 강대상의 변화는 컨셉이 당일 예배와 선포될 메시지를 잘 담고 있어야 한다고 보기 때문에 집중력이 흐려지지 않도록 해야 할 것이다.

(3) 예배의 변화를 준비한다.

예배 형식의 변화를 준비함에 있어서 가장 중요한 것은 예배학의 정신을 훼손하지 않는 범위에서 순서들에 의미와 감동과 감격의 요소를 가미하는 것이다. 또한 장년 중심의 예배에서 온 세대가 함께하는 예배의 요소를 포함하는 것이다. 예배 시간과 구성은 이전의 틀을 그대로 유지한다. 하지만 형식과 순서자 변화를 통해 의미와 감동을 더하도록 디자인하였다. 5부로 드리는 예배를 대상에 따라 차별화를 준다.

새에덴교회는 주일 낮 예배를 5부로 나누어 드리고 있다. 순서와 형식은 통일성을 위해 거의 동일하게 드렸다. 하지만 구성의 변화를 주어 5부 예배를 참석 대상에 따라 다른 컨셉을 주어 5가지 색상의 예배로 디자인하려고 한다. 1부예배 참석자는 봉사자들과 중직들이 많이 참석한다. 2-3부는 대부분의 성도들이 가장 많이 참석하는 예배이다. 4부는 청년부를 중심으로 젊은이들이 참석하는 예배이다. 5부 예배는 여러 가지 이유로 오전에 예배를 드리지 못한 성도들이 뒤늦게라도 참석하는 예배이다.

이같은 참석자의 특색을 따라 1부 예배는 기존 예배의 틀을 유지하되 순서에 몇 가지만 변화를 준다. 2-3부 예배는 온 가족이 함께하는 예배로 드리고 장년과 청년, 청소년, 어린이들까지 온 성도들이 함께 참여하는 예배로 디자인하였다. 이를 위해 복장을 차별화하고 찬양의 순서와 내용도 축제와 같은 내용으로, 4부 예배는 젊은 청년들 중심의 예배, 5부는 편안하고 안정된 분위기의 예배로 구성하였다.

2-3부 온 가족 축제예배 디자인

기존 예배의 사회는 부목사들이 번갈아 가면서 인도하였지만, 축제예배는 처음부터 끝까지 담임목사가 전부 인도한다. 코로나 이후 D-day 예배에 온 성도들에게 담임목사가 가장 전면에서 영적인 싸움을 해 왔고 앞으로도 진두지휘해 갈 것이라는 결의를 보여주려고 한다.

코로나 이후 디데이 전후의 새에덴교회 주일예배 포맷

예배 전 찬양과 담임목사의 양각 나팔소리로 시작

예배 전 찬양은 기존의 찬양팀에 변화를 준다. 청년과 청소년·유소년·유치부 어린이들을 함께 포함하여 팀을 구성하고, 찬양의 내용도 온 세대가 함께 참여할 수 있는 내용으로 기획한다. 축제이니만큼 신나고 다이나믹한 곡으로 모두가 함께 일어나 찬양할 수 있는 내용으로 선곡하도록 한다.

인원 구성은 강대상의 규모를 고려하여 20-30명 정도로 한다. 예배 전 찬양 곡 선정은 포로생활을 마치고 돌아온 이스라엘의 마음으로 시작하여 감격과 영광의 찬양을 다함께 일어나 찬양하고 다시 성령의 임재를 간절하게 갈망하는 스토리 보드로 구성한다.

D-day 첫 주 찬양 - 너는 크게 자유를 외쳐라, 크신 주께, 위대하고 강하신 주님, 생명나무, 축복합니다 주님의 이름으로, 성령이여

강림하사

D-day 둘째 주 찬양 - 잃어버린 법궤, 야곱의 축복, 아주 먼 옛날, 아름다운 마음들이 모여서, 새에덴교회가, 우릴 사용하소서

찬양 후 일어선 상태에서 자연스럽게 참회의 기도로 연결하여 마무리 한다. 이때 찬양팀은 퇴장하지 않고 그 자리에 서서 다음 순서를 돕는다.

참회의 기도: 코로나 위기로 인하여 우리가 핑계대고 교회를 멀리하고 예배를 멀리하지는 않았는지 돌아본다. 물론 우리는 슈퍼 감염집단이 되어서는 안 되기 때문에 사회적 거리두기도 지키고 정부가 제시하는 7대 방역수칙도 철저하게 지키면서 소수 중심의 온라인예배를 드렸다. 그러나 우리가 혹시라도 이것을 핑계대고 의도적으로 교회를 멀리하고 예배를 멀리하지 않았는지 자성한다. 코로나가 조금씩 진정되면서 백화점이나 영화관, 식당이나 마트, 관광지는 자유롭게 다니면서 교회 오는 것은 어색해 하고 꺼려하지 않았는지 하나님 앞에 낮아지는 회개의 기도를 드린다.

공동 기도문: 참회의 기도 후 하나님의 은혜와 성도들의 고백을 담은 공동 기도문을 작성하여 집례자(담임목사님)와 회중이 함께 고백하도록 한다. 공동 기도문을 고백하는 동안 반주가 잔잔하게 흐

르도록 한다.

"하나님, 코로나19로 인하여 갈대처럼 헤어진 우리가 다시 꽃으로 만나게 하심을 감사드립니다. 오늘 우리가 한자리에 모여 다시 예배드릴 수 있게 해 주신 하나님께 모든 영광 올려드립니다. 그러나 혹여 우리가 코로나를 핑계로 하나님을 멀리하지는 않았습니까? 교회를 멀리하고 예배를 소홀히 하지는 않았습니까? 이 시간 주님 앞에 우리의 죄를 고백하며 회개하오니 주님의 보혈로 우리의 영혼을 씻으시고 용서하여 주옵소서.

주님, 우리 교회뿐만 아니라 무너져 간 한국교회가 다시 회복되게 하옵소서. 흩어진 성도들이 다시 성전에 모이게 하시고 꺼져가는 기도의 등불이 활활 타오르게 하옵소서. 교회마다 예배를 사모하는 성도들의 발길이 이어지게 하시고 나라와 민족을 위해 기도하는 성도들의 기도 소리가 조국강산을 메아리치게 하옵소서.

주님, 코로나로 인하여 우리는 다시금 우리가 의지할 분은 오직 하나님 한 분뿐이라는 사실을 알게 되었습니다. 인간의 과학문명과 의학, 산업혁명도 인간을 지켜주지 못하며, 결국 우리를 지키시고 보호해주시는 분은 하나님 한 분뿐이라는 사실을 고백하게 하옵소서. 인간이 쌓고자 하는 바벨탑을 무너뜨리신 하나님의 경고 메시지를 우리가 깨닫게 하옵소서. 하나님의 창조섭리를 거스르는 반기독교 사조와 교회를 무너뜨리려는 악법들이 더 이상 추진되지 않게 하시고 하나님을 경외하고 온전히 섬기는 길만이 복임을 알게 하옵소서.

우리 새에덴교회가 번제단의 불을 꺼뜨리지 않고 끝까지 지킬 수 있도록 해 주심ㅈ을 감사드립니다. 주님 오시는 그 날까지 새에덴의 번제단 불이 활활 타오르게 하옵소서. 담임목사님의 건강을 지켜 주시고 지혜와 영력을 더하여 주옵소서. 오늘 말씀을 선포하실 때에도 코로나의 어둠과 우울을 물리치는 능력과 생명의 말씀이 선포되게 하옵소서. 연합찬양대의 찬양을 기쁘게 받아주시고 호흡이 있는 우리 모두가 찬양의 삶을 살게 하옵소서. 예수님의 이름으로 기도드립니다. 아멘."

영광의 찬양: 공동 기도문이 끝나면 '주의 영광 이곳에 가득해' 후렴을 찬양한다.

♪ 주의 영광 이곳에 가득해 우린 서네 주님과 함께
　　기도하며 우리는 전진하리 모든 성도 주 볼 때까지

(찬양이 마치면 자연스럽게 대표기도로 연결된다.
사회자: 모두 자리에 앉으시겠습니다.)

대표기도: 대표 기도자는 평상시 기도문이 아니라 D-day 예배에 맞는 내용과 포맷으로 미리서 준비한다. 토요일에 담임목사의 주관 하에 리허설에 참여하여 지도를 받는다. 하루 금식을 하며 전심을 다해 준비한다.

간증 영상: 예배를 간절히 사모했던 열망을 담은 내용으로 준비

프롤로그 - 코로나19로 인하여 모든 한국사회가 마비되었습니다. 한국교회 역시 전혀 준비되지 않은 상태에서 예배를 아예 중단해 버리는 교회도 있었습니다. 온라인예배를 드린다고 하여도 현장예배를 드리지 않는 곳이 많았습니다. 한국교회 지도부가 선제적 대응을 하지 못하면서 정부에서 7대 방역수칙을 내세워 교회 예배를 간섭하고 제재하는 일이 발생했고, 예배 강행파가 나오면서 여러 논란이 일어났습니다. 그런 가운데 두 달이라는 시간이 훌쩍 지났습니다.

온라인예배를 드리는 것도 한두 달이지, 계속된 예배 공백 상태로 많은 교회들이 심각한 타격을 받고 위기에 빠졌습니다. 예배 공백이 길어지면서 어떤 성도들은 이전보다 더 현장예배를 사모하는 마음이 깊어지기도 했지만, 반대로 어떤 성도들은 아예 냉담과 태만에 빠져 주저 앉아버리는 경우도 있습니다. 그러나 지난한 영적 겨울이 지나고 예배의 봄을 맞게 되었습니다.

스킷 인터뷰 1,2,3,4,5: "예배를 너무 사모했습니다." "교회에 오고 싶어 눈물이 났습니다." "코로나로 인하여 하나님과 멀어진 듯하였지만 담임목사님이 인도하시는 특별새벽기도회와 밤기도회를 통해서 예배의 불을 꺼뜨리지 않고 승리할 수 있었습니다." "앞으로 더 하나님만을 의지하고 그동안 못했던 사명과 헌신을 더 갑절로 하겠습니다."

에필로그 - 코로나의 위기가 우리를 덮쳤지만 우리는 승리했습니

다. 앞으로도 승리할 것입니다. 새에덴의 불은 결코 꺼지지 않을 것입니다. 우리 교회뿐만 아니라 한국교회는 반드시 승리할 것입니다.

성경 봉독: 성경 봉독자를 따로 선정하여 리허설을 시킨다. 성경 봉독자는 다른 멘트 없이 "이 말씀은 하나님의 말씀입니다"로 봉독하고 끝나게 한다.

찬양대 찬양: 성경 봉독이 끝나면 담임목사의 성가대 특별 격려 후 바로 시작하게 한다. 그날 찬양대는 연합찬양대로 운영하며 D-day 첫 주는 '여호와는 위대하다' 둘째 주는 '주여 날 품어주소서'를 기획하고 있다.

설교: 설교는 순서가 많음으로 평상시보다는 짧게 한다. 그러나 말씀의 핵심을 잘 정리하고 선포된 말씀을 가지고 합심기도로 마무리 한다

회중 찬양: 합심기도 후 찬양으로 마무리한다.
(찬양팀이 나와서 함께 찬양 : 찬양곡은 설교의 내용을 반영하여 선곡한다.)

봉헌송: 교역자로 구성된 중창팀 / 찬양곡은 '사명의 길'(소강석 작사, 김석균 작곡) 봉헌 시 헌금위원 마지막 순서에 장년과 청년, 청소년, 어린이로 구성된 헌금위원이 함께 입장한다.

영상 뉴스: 뉴스의 시작과 마무리에 그동안 예배를 드리지 못했던 성도들과 아이들의 애절한 마음과 다음 주 예배를 사모하는 마음을 짧게 전달하도록 한다.

새에덴교회가

♪ 만세 반석 말씀 위에 터전을 잡고
　보혈 샘물 생수의 성령 흐르는 곳에
　그리스도 중심하여 서로서로가
　사랑하며 섬기는 영광스런 새에덴교회

　변화 받은 성도들이 경배하는 곳
　축복 받은 교우들이 교제하는 곳
　진리 횃불 드높이고 전도하여서
　교회성장 가정축복 영광스런 새에덴교회

　십자가의 복음만이 우리의 사명
　부활복음 전파하여 충성 다하자
　민족구원 세계선교 불길 일으켜
　하늘나라 확장하는 영광스런 새에덴교회

비전선언문

"우리는 로드십과 생명나무신앙으로 신정주의 교회와 영광의 가문을 이루고 킹덤빌더가 되어 교회세대를 이어가며 한국교회 연합과 통일한국시대를 준비하는 선구적 교회를 꿈꾼다."

축도: 축복송(나의 모든 행실을)

과거에는 담임목사가 예배 끝에 축복송을 했다. 오히려 설교 시간보다 그 시간이 더 은혜롭다고 눈물을 훔치는 성도들도 있었다. 그런데 시간관계상 혹은 목 상태 때문에 생략한 경우가 많았다. 이번 D-day에는 반드시 축복송을 함께 불러 코로나로 인하여 상처와 아픔을 당한 성도들의 마음을 위로하고 하나님의 은혜와 보살핌을 선포하려고 한다. 아니 앞으로도 하려고 한다. 축복송은 다음의 노래를 부른다.

♪ 나의 모든 행실을 주여 기억 마시고 바른길로 인도하소서
　기쁠 때나 슬플 때 나와 동행하시며 밤낮으로 인도하소서
　내 모든 형편을 다 기억하시고 늘 나와 동행하옵소서
　나의 생명 주 앞에 남김없이 드리니 주여 나를 지켜주소서

2. 순환계적 차원에서의 교회 세움(처치 플랜팅)

몇 년 전부터 미국 기업들이 제조·유통·인건비 상승 때문에 해외로 빠져나가는 아웃소싱(Outsourcing) 경영을 하다가, 다시 자국으로 돌아오는 인소싱(Insourcing) 경영을 하는 추세다. 한국도 해외로 빠져나간 기업들이 돌아오는 날이 올 것이다. 한국교회도 마찬가지다. 한국교회도 언제부터인가 아웃소싱에 주력하게 되었다. 그 예가 해외 선교나 사회복지라고 할 수 있다. 당연히 교회의 궁극적인 목적은 선교이고 복지나 구제도 해야 한다. 그러나 현시점에서 다시 생각해 볼 때 교회는 순환계적 차원의 인소싱이 중요하다.

나는 비후성 심근증과 성대 수술을 계기로 순환계의 중요성을 인식하게 됐다. 순환계란 심장으로부터 시작하여 혈관을 통해 몸 안의 피를 모든 지체로 순환시키고, 혈관으로 모든 기관을 네트워크화하는 것을 말한다. 그러나 순환계의 발원인 심장이 고장 나 버리면 한순간에 죽고 만다. 심장과 함께 혈관도 중요하다. 그래서 아무리 심장이 건강해도 심장을 싸고 있는 관상동맥이 막히고 뇌혈관이 터져 버리면 죽거나 불구가 되어 버린다. 또 순환이 막힌 곳에 바이러스가 감염되면 종기가 나서 피와 살이 곪아가게 된다. 그래서 옛날에는 등창이 나서 죽은 사람도 많았다.

주님의 몸 된 교회도 마찬가지다. 교회가 그리스도의 몸이라면 교회 내부의 순환계가 얼마나 중요하겠는가. 그러려면 교회 내부의 리빙(living), 빌딩(building), 센딩(sending) 즉 순환계의 인소싱이 잘되어야 한다. 몸 된 공동체 교회를 세우기 위해서는 혈관계와 순환계가 잘 소통하는 교회를 만들어야 한다.

렌디 포프가 쓴 《교회는 인소싱이다》라는 책을 보면 교회 내부에서 가장 중요한 것은 진리, 무장, 상호책임, 선교, 간구를 실천하는 훈련이라고 말한다. 즉 본질로 돌아가서 인소싱을 강화할 때 교회는 건강하게 세워지면서 아웃소싱도 할 수 있다는 것이다. 그렇지 않고 아웃소싱만 하게 되면 결국 껍데기밖에 남지 않는다. 영국교회가 인소싱이 안 되니까 사회복지형 껍데기 교회로 전락하고 말지 않았는가. 그러므로 순환계적 차원에서는 교회 세움을 위하여 인소싱 사역에 주력해야 한다.

1) 교회 본질 이해하기(교회론 교육)

코로나 위기가 터지자마자 한국교회는 교회론부터 흔들리기 시작했다. 목회자들도 갈피를 못 잡고 공동체 현장예배를 드려야 할 것인가, 말아야 할 것인가 혼란을 겪었다. 한국교회 지도부도 선명하고 단호한 기준을 제시하지 못했다. 필자는 그때 정부가 교회를 간섭하기 전에, 선제적으로 정부가 요구하는 방역 수칙을 철저하게 지키면서도 예배를 드려야 한다고 했다.

물론 당시 대구지역 같은 경우는 예외가 될 수 있다. 그러나 일반 지역에서는 노약자들과 감염 위험이 높은 성도들은 어쩔 수 없이 온라인 예배를 드려야 하지만, 주일날 방송중계만 하지 말고 소수라도 반드시 현장예배는 드려져야 한다고 주장했다. 그런데 교회 지도자들마저 코로나 위기 속에서 갈피를 못 잡고 있을 때 어느 순간 성도들 머릿속에 가상공간의 교회가 자리 잡게 되었다.

공동체 교회와 온라인 교회 간의 충돌이 일어나고 전통교회와 가상공간의 교회가 갈등을 일으키게 되었다. 그러다가 어느새 몇 주가 지나니까 성도들의 머릿속에서 가상공간의 교회가 자리 잡게 된 것이다. 이렇게 교회론이 흔들리면 절대로 안 된다. 그러면 결국 교회 순환계가 막히게 된다. 코로나 이후에 한국교회는 반드시 교회 본질을 회복해야 한다.

그러면 교회의 본질은 무엇인가. 그리스도를 구주로 믿고 고백하는 사람들이 그리스도의 이름으로 모인 집합체다. 주님만이 왕이 되시고 우리가 지체가 되어서 주님의 몸을 이루는 것이 교회의 본질이다. 그래서 교회는 이 땅에서 가장 영광스러울 뿐만 아니라 가장 복된 곳이다.

필자는 개척교회 때부터 지금까지 교회론 교육을 해 왔다. 코로나 위기가 왔을 때도 교회론을 강조했다. 공동체 교회의 영광성을 계속 강조했다. 코로나 기간 몇 주 동안 새벽기도를 인도하며 스가랴서에 나타난 여덟 가지 환상을 신약의 교회에 적용하면서 교회의 본질과 예배의 중요성에 대해서 강조했다. 또 수요예배와 금요철야기도회, 주일예배를 통해서도 교회의 가치와 예배의 신성함을 강조하는 설교를 했다.

2) 교회를 다시 경험하게 하기

코로나 사태가 일어나면서 왜 사람들은 교회에서 예배드리는 것을 지나치게 염려하고 불안해 했을까. 아니, 교회에서 예배드리는 일을 혐오스럽게 생각해야 한단 말인가. 이유는 우리 때문이다. 예배는 정말 신성한 것인데, 우리가 예배의 신성한 가치를 잃어버리고 너무 뻔한 예배를 드렸고 너무나 뻔한 교회의 모습을 보여주었기 때문이다.

그러니까 현대인들이 교회를 찾아오지 않을 뿐만 아니라 예배드리는 모습을 혐오하고 공격한 것이다. 필자는 이러한 현실이 너무 안타까웠다. 코로나 초창기만 해도 코로나포비아(공포)란 말이 유행이었는데, 기간이 오래되면서 코로나블루(우울함)라는 말이 생겨났다. 사람들은 처음엔 코로나가 두려웠다. 그러나 나중에는 코로나가 언제 끝날까 하는 코로나 우울증에 걸리게 되었다.

이것을 해결해줄 수 있는 곳은 교회밖에 없다. 그런데 교회가 그런 역할을 하기 위해서는 교회가 예배 포맷을 올드 패션에서 새로운 감동과 은혜가 넘치는 뉴 홀리 패션으로 바꾸어 성도들에게 교회를 경험하게 해야 한다. 뻔한 포맷에서 21세기형 새로운 포맷으로 바꾸어 새로운 교회를 경험하게 해야 한다.

그러기 위해서는 으레 해왔던 설교에 더 새로운 감성과 생명을 불어넣어야 한다. 그럴 때 성도들도 뻔하게 해 왔던 신앙생활, 으레 해왔던 신앙생활에서 진짜 다시 한 번 감동과 감격이 가득 찬 신앙생활로 바뀔 수 있다. 교회가 어떤 곳인가를 이해했으면 교회를 경험해야 한다. 교회에 와서 성령의 임재와 예배의 감격을 경험해야 한다.

교회를 향한 하나님의 소명 새롭게 경험하기

교회를 경험하기 위해서는 교회를 향한 하나님의 소명을 새롭게 경험해야 한다. 한국에는 15만 명의 목사님들이 계시고 6만여 개의 교회가 있으며 1000만의 성도가 있는데, 그 별처럼 수많은 사람들 중 한 교회에서 만나서 신앙생활을 하고 있다는 것 자체가 기적이 아닌가. 아니, 별처럼 수많은 교회가 있는데, 그중에 같은 교회에서 만나 꿈을 꾸듯 은혜를 받고 하나님을 섬기며 사명을 감당하고 있다는 것이 하나님의 전적인 예정의 은혜요, 선택의 축복이 아니고 무엇이겠는가.

우리 교회를 찾아오신 분들 가운데는 내 스타일이 마음에 안 든다고 등록 안 한 사람들도 많았다. 그러나 하나님께서 그런 사람들을 강권하여 끌어다가 다시 교회 등록하게 하시는 것을 많이 보았다. 그런 후에 나와 함께 꿈을 꾸듯 행복하게 신앙생활을 하며 이 시대의 사명을 감당하고 있다. 그래서 나는 항상 성도들에게 교회를 향한 하나님의 소명의 감격을 강조한다.

"지역에 수많은 교회들이 있는데 왜 저와 여러분이 만나게 되었습니까? 그것은 여러분이 온 것이 아니라 하나님이 불러주신 것입니다. 수많은 교회 가운데 여러분을 우리 교회로 보내주시고 소 목사에게 보내주신 것입니다. 별처럼 수많은 사람들 가운데 하필이면 이 시대에 우리 교회로 불러주셔서 함께 시대적 소명을 감당하게 하신 것입니다."

이렇게 교회를 경험하게 하면 어떤 전염병의 위기가 와도 교회와 연결될 수밖에 없다. 교회를 진정으로 경험한 사람들은 코로나 위기 상황 속에서 교회를 오고 싶어서 애달파했다. 집단감염을 막기 위하여 숫자를 제한해서 그렇지 너무나 교회를 오고 싶어 했다. 자기가 헌금해야 할 날은 꼭 교회 비표를 달라고 해서 헌신을 했다. 그렇게 주일예배 시간에 와서 뜨거운 눈물을 흘린다.

온라인 예배와 현장예배가 이렇게 다르다고, 온라인 예배도 은혜가 되지만 현장예배에서 받은 감격이 이렇게 뜨겁고 감사한 줄 몰랐다고 고백한다. 그리고 이렇게 교회를 경험한 사람들이 주일예배 시간에 영상 간증을 하며 은혜를 나눈다. 교회 와서 예배드리는 것이 얼마나 소중한 일인가, 교회가 얼마나 소중한가를 고백하며 현장예배와 온라인 예배 모든 성도들이 일체감을 이루게 한다.

그러므로 교회에 와서 예배를 구경하고 가는 것이 아니라 교회 올 때마다 교회를 뜨겁게 경험해야 한다. 예배의 참관자가 아니라 하나님의 임재와 영광을 몸으로 경험해야 한다.

현장예배의 중요성 경험하기

우리는 그동안 너무 뻔한 예배를 드려왔고 뻔한 설교를 해왔다. 기존 매뉴얼에 의한 예배를 드리다 보니까 현장예배가 얼마나 중요한가를 몰랐다. 예배가 얼마나 가치 있고 소중한가를 알았다면 한국교회가 코로나 위기 때 금방 예배를 포기하고 교회당이 텅텅 비었겠는가. 그래서 우리가 다시 현장예배의 중요성을 훈련시키고 경험하게 해야 한다.

과거 신학교 시절에 고 정원태 교수님께서 앞으로 목회를 잘하려면 두 가지를 잘해야 한다고 하신 말씀이 기억난다. 하나는 교회론이 튼튼해야 하고, 또 하나는 예배론, 즉 예배학적인 연구도 많이 하지만 예배에 대한 가치, 소중함을 알아야 한다는 것이다. 그래서 목회자가 성도들에게 교회론과 예배론을 잘 가르쳐 놓으면 시대가 어떻게 변한다 해도 목회를 튼튼히 할 수 있다는 것이다. 나는 교수님의 그 말이 섬광처럼 머릿속에 박혔다. 그래서 지금까지 교회론과 예배론을 강조한다.

사실 성경공부, 제자훈련을 하는 이유가 무엇인가. 여러 이유가 있지만 중요한 이유는 예배를 잘 드리기 위해서다. 우리는 성경공부, 제자훈련 하면서 예배에 대한 소홀함이 없었는지, 성경공부를 하기 위해서 예배를 뒤로하거나 포기한 적이 없었는지, 주일저녁예배나 수요예배를 포기한 적은 없었는지 심각하게 자성해야 한다.

우리 교회는 코로나 초기부터 단 한 번도 현장예배를 포기한 적이 없다. 아무리 정부와 도청, 시청에서 예배를 자제해 달라고 해도 정부가 제시하는 방역 수칙은 가장 모범적으로 잘 지키면서도 반드시 현장예배를 드렸다. 의료전도사를 두어서 방역을 진두지휘하게 하면서 성도들과 지역주민들에게 심리적 안정감을 심어 주었다. 동시에 2미터 이상, 어떤 곳은 3미터 이상 거리를 두면서 본당 1층부터 3층까지 흩어져서 예배를 드렸다. 그것도 모자라면 비전홀까지 앉아서 영상으로 예배를 드리게 했다.

그리고 주일예배를 한 번만 드린 것이 아니라 1부부터 6부까지 여섯 번을 나누어서 다 드렸다. 내가 직접 다 인도했다. 자가격리자들을 파악하여 철저하게 선제적으로 관리하면서도 끝까지 예배를 포기하지 않았다.

그렇게 현장예배의 중요성을 경험한 성도들이 창의적 헌신을 해서 그 헌금으로 제일 먼저 대구경북교회에 손 소독제와 마스크를 보내고 월세를 못 내는 개척교회 임대료를 지원하였다. 뿐만 아니라 우리 교회 주변의 어려운 교회들을 파악하여 방역기를 보내고 소독 재료까지 다 보냈다. 월세를 내지 못하는 개척교회도 지원하였다. 부활절에는 4만 개의 계란을 어려운 이웃들에게 전하면서 부활의 기쁜 소식을 알렸다.

그러자 처음에는 예배드린다고 염려하고 의아해 하던 지역주민들이 안심을 하고 오히려 교회를 염려해 주는 것이다. 어떤 주민은 지역이 잘되려면 새에덴교회가 잘되어야 한다면서 주일날 차량 숫자까지 세면서 사람들이 많이 오는지 염려해 주는 사람이 있었다.

몸 된 교회의 지체로 존재하기

진정한 공동체 교회의 모습을 두 가지로 특징지을 수 있는데, 첫째는 교회론 정립이요, 둘째는 공동체 구성원들 간의 연합이다. 즉 몸으로서의 교회를 잘 세우고 성도들 간의 유기적 네트워크를 잘 이룸으로써 유기적 공동체를 이루어야 한다. 그래서 성경은 교회를 그리스도의 몸이요 우리는 그 몸의 지체라고 한 것이다.

발과 손이 다르다고 걷지 않고 물건을 잡지 않는다면 어떻게 되겠는가. 귀와 눈이 다르다고 소리를 듣지 않고 앞을 보지 않으면 어떻게 되겠는가. 다 손이고 발이고 귀와 눈이면 어떻게 되겠는가. 눈이 손더러 아무 쓸데가 없다고 하면 어떻게 되겠는가. 몸의 각 기관들이 서로 다르지만 각자의 역할을 하며 한 몸을 이루는 것처럼 교회를 그리스도의 몸으로 세워야 한다는 말이다.

> **고전 12:14-17** 몸은 한 지체뿐만 아니요 여럿이니 만일 발이 이르되 나는 손이 아니니 몸에 붙지 아니하였다 할지라도 이로써 몸에 붙지 아니한 것이 아니요 또 귀가 이르되 나는 눈이 아니니 몸에 붙지 아니하였다 할지라도 이로써 몸에 붙지 아니한 것이 아니니 만일 온 몸이 눈이면 듣는 곳은 어디며 온 몸이 듣는 곳이면 냄새 맡는 곳은 어디냐

> **고전 12:21-27** 눈이 손더러 내가 너를 쓸 데가 없다 하거나 또한 머리가 발더러 내가 너를 쓸 데가 없다 하지 못하리라 그뿐 아니라 더 약

하게 보이는 몸의 지체가 도리어 요긴하고 우리가 몸의 덜 귀히 여기는 그것들을 더욱 귀한 것들로 입혀 주며 우리의 아름답지 못한 지체는 더욱 아름다운 것을 얻느니라 그런즉 우리의 아름다운 지체는 그럴 필요가 없느니라 오직 하나님이 몸을 고르게 하여 부족한 지체에게 귀중함을 더하사 몸 가운데서 분쟁이 없고 오직 여러 지체가 서로 같이 돌보게 하셨느니라 만일 한 지체가 고통을 받으면 모든 지체가 함께 고통을 받고 한 지체가 영광을 얻으면 모든 지체가 함께 즐거워하느니라 너희는 그리스도의 몸이요 지체의 각 부분이라

다시 기도의 불 붙이기

교회를 경험하게 하는 중요한 길 중의 하나가 기도다. 교회 와서 뜨겁게 기도하는 만큼 그 사람은 자신의 개인적인 신앙 체험을 할 뿐만 아니라 교회를 경험하게 된다. 그래서 교회를 더 소중히 여기고 사랑하게 되는 것이다. 옛날에는 교회에 와서 기도를 많이 했으나 코로나 위기 때는 교회 와서 기도하는 것이 사라졌다. 그러니까 영적으로 단절되고 기도의 불이 꺼져버렸을 가능성이 많다.

물론 집에서도 기도를 하겠지만 솔직히 하루 이틀도 아니고 계속 몇 달을 집에서만 기도하는 것은 교회에서 기도하는 것과 차이가 있다. 하나님의 집, 교회는 만민이 기도하는 집이라고 하지 않았는가. 그러므로 코로나 이후를 대비해서 기도운동의 불을 다시 지펴야 한다. 우리 교회는 새벽기도는 기본이고 코로나 중에 공중예배는 못

와도 일주일에 한 번 이상은 낮에 교회 본당에 와서 기도하고 가는 운동을 했다. 노약자와 고위험군을 빼놓고는 교회에 와서 기도하고 가는 것이다.

코로나가 어느 정도 끝나고 사회적 합의가 이뤄지면 특별새벽기도뿐만 아니라 특별밤기도회를 하려고 한다. 기도 응답이나 문제 해결을 위한 밤기도 집회보다는 정말 하나님과 더 가까워지고 교회와 더 가까워지게 하는 기도집회를 계획하고 있다. 필자의 경험으로 봐도 밤집회를 하니까 새벽기도 때보다 훨씬 더 긴 시간을 할 수 있고 깊은 기도를 경험하는 것을 보았다.

코로나 위기 중에서도 목회적 상상력을 발휘하여 정오기도 운동이라든지, 오후 3시 기도운동이라든지, 흩어져서 기도하더라도 기도의 불씨를 살려야 한다. 그리고 모든 위기가 다 끝나면 교회마다 특별새벽기도회 혹은 특별밤기도집회를 통하여 오랫동안 교회와 떨어져 있었던 성도들에게 교회를 경험하고 교회와 더 가까워지고 교회와 하나가 되게 해야 한다.

몸으로서의 교회를 배우고 체험하기

교회는 주님의 몸이다(엡 1:23). 그러니까 교회가 주님의 몸이라면 먼저 유기적 공동체를 이루어야 한다. 그래야 복음의 본질이 역동하고 말씀과 성령의 기운이 온몸 안에서 잘 순환하게 된다. 그 순환의 구조는 ① 사람을 살리고(living), ② 사람을 세우며(building), ③ 사람을 보내야(sending) 한다. 다음 삼각형으로 이 순환구조를 도식화할 수 있다.

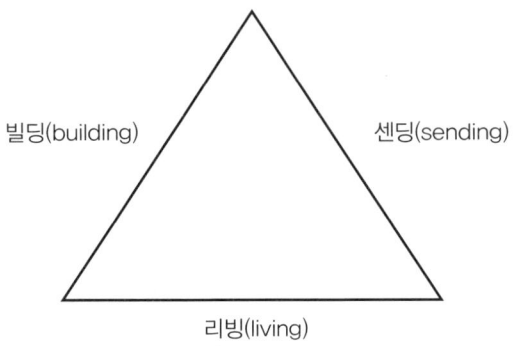

물론 교회는 조직적 성격이 있기 때문에 시스템이 있고 여러 가지 제도가 있다. 그러나 아무리 조직과 제도가 있어도 그 조직의 머리가 예수 그리스도라는 사실을 알아야 한다. 그리고 예수 그리스도가 교회의 헤드십을 발휘하고 로드십을 행사하도록 해야 한다. 그러기 위해서 모든 공동체는 본질이 목적이 되고 중심이 되어야 한다. 제도나 기관은 다 본질을 서빙하기 위한 수단이요 도구로서 존재한다.

그러므로 교회 일은 절대 다툼과 허영으로 하면 안 된다. 분쟁하고 시기하고 질투해서는 안 된다. 그러면 사람과 사람 사이가 막히고 기관과 기관이 막히게 되어 있다. 우리 몸도 혈관계가 막히면 암이 되는 것이다. 혈액순환이 잘 되고 온몸이 따뜻하면 절대로 암에 안 걸린다.

그런데 순환이 안 되고 어느 기관이 차고 어둡고 침침한 분위기가 되면 그대로 암세포가 토착을 하게 된다. 그래서 우리 몸은 계속 순환이 잘 되고 소통이 잘 되어야 한다. 어느 한 곳이 차가우면 안 된다. 따뜻하고 온기가 돌아야 한다. 교회도 내가 있는 자리에서 막히면 안 된다. 내가 맡고 있는 기관과 다른 기관이 서로 단절이 되면 절대 안 된다. 그러므로 몸으로서의 교회를 이해하고 체험하고 배워야 한다.

공동체 교회와 조직교회 참여, 헌신

몸으로서의 교회는 반드시 공동체 교회를 이루게 되어 있다. 공동체 교회는 연결이 중요하다. 우리 몸의 모든 지체가 연결되어 있듯이 그리스도의 몸 된 교회라는 지체의식을 체험하고 가져야 한다. 공동체 교회가 영적 공동체, 신정 공동체를 말한다면, 여기서는 조직교회를 말한다.

몸으로서의 공동체 교회를 경험한 사람은 반드시 조직교회에 가서 참여하고 헌신하게 되어 있다. 찬양대, 주일학교 교사, 주차 봉사, 식당 봉사, 안내, 전도, 양육 등 각 분야에 참여하고 헌신한다. 이럴 때 교회를 경험하게 되고 조직교회에 참여하고 헌신하며 교회의 중요한 멤버가 된다. 이 모든 사람들이 처치 플랜터가 된다.

3) 예배를 새롭게 경험하기

예배란 무엇인가? 예배는 교회의 호흡이고 숨통과 같은 것이다. 이것을 끊어버리면 신앙을 포기하는 것이다. 기독교 2000년 역사상 예배가 한 번도 끊어져 본 적이 없다.

이스라엘 백성들은 언제든지 성소 안의 금등대와 분향단의 불이 꺼지지 않도록 잘 관리해야 했다. 그들은 매일 상번제를 드릴 때에도 새롭고 감격스러운 마음으로 제사를 드려야 했고 성소 안에 금등대와 분향단의 불을 간검하였다. 그런데 세월이 흐르다보면 이런 예배의 신선함과 감격이 매너리즘에 빠질 수 있지 않겠는가. 아마 말라기 시대의 제사장들이 그랬던 것 같다. 늘상 그렇게 상번제를 드리다보니까 하나님께 제사를 드리는 감격과 새로움이 떨어졌던 것이다. 그런 그들의 얼굴에 하나님께서는 짐승의 똥을 바른다고 말씀하시지 않았는가.

> 말 2:3 보라 내가 너희의 자손을 꾸짖을 것이요 똥 곧 너희 절기의 희생의 똥을 너희 얼굴에 바를 것이라 너희가 그것과 함께 제하여 버림을 당하리라

그 번제단에 드릴 제물을 잡는 때에 양이나 염소가 똥을 싸지 않겠는가. 그 짐승의 똥을 제사장 얼굴에 바른다는 것이다. 이 얼마나 소름끼치고 아슬아슬한 이야기인가. 오늘 우리는 어떠한 사람인가.

한국교회가 정말 예배의 감격과 새로움으로 가득했다면 아무리 코로나 위기가 온다고 해도 이렇게 예배를 쉽게 포기할 수 있었겠는가. 이제부터 한국교회는 예배의 불이 화르르 타오르게 해야 한다. 그렇게해서 매주일 교회를 찾아오는 성도들이 예배의 신선함과 감격스러움을 경험하도록 해야 한다. 그래서 나는 코로나 이후의 예배를 대비하는 마음으로 주일에 "불이 화르르!"라는 제목의 설교를 했다.

불이 화르르!
[2020년 4월 19일 주일예배]

레위기 6장 8-13절

여호와께서 모세에게 말씀하여 이르시되 아론과 그의 자손에게 명령하여 이르라 번제의 규례는 이러하니라 번제물은 아침까지 제단 위에 있는 석쇠 위에 두고 제단의 불이 그 위에서 꺼지지 않게 할 것이요 제사장은 세마포 긴 옷을 입고 세마포 속바지로 하체를 가리고 제단 위에서 불태운 번제의 재를 가져다가 제단 곁에 두고 그 옷을 벗고 다른 옷을 입고 그 재를 진영 바깥 정결한 곳으로 가져갈 것이요 제단 위의 불은 항상 피워 꺼지지 않게 할지니 제사장은 아침마다 나무를 그 위에서 태우고 번제물을 그 위에 벌여 놓고 화목제의 기름을 그 위에서 불사지며 불은 끊임이 없이 제단 위에 피워 꺼지지 않게 할지니라 제가 쓴 '불의 사연'이라는 시가 있습니다.

홀로 타오를 수 없습니다 / 장작개비가 되어 내 곁으로 와 주세요
나는 당신을 품에 안고 / 바람을 기다립니다
당신은 / 바람이 불면 재가 될 줄 알면서도
내 품에 안긴 채 / 바람을 기다립니다
나는 불 / 당신은 어느 겨울 숲에서 꺾여 / 내게로 온 장작개비
난 당신의 차가운 몸을 껴안고 / 바람을 기다립니다

불에도 사연이 있지요. 화르르 타오르는 불에도 사연이 있고 사르르 꺼지는 불에도 사연이 있습니다. 어느 불이든 사르르르 꺼지고 싶어 하는 불은 하나도 없을 것입니다. 불은 활활, 화르르 화르르 타고 싶어 하지요. 그런 의미에서 제가 '불의 사연'이라는 시를 쓴 것입니다.

산불은 그렇지 않지만 난롯불이나 모닥불 같은 경우는 스스로 화르르 타오를 수 없잖아요. 그래서 이 불은 장작개비가 자신에게로 와 주기를 원하는 것입니다. 그러나 아무리 장작개비가 와도 난로 구멍을 막아 놓으면 정말 화르르 타기가 힘들어요. 나무가 화르르 타려면 난로 공기통을 열어놓아야 해요.

그러니까 불은 장작개비를 품에 안고 바람을 기다리는 것이죠. 그런데 이미 아궁이나 난로에 들어간 장작개비는 재가 되는 게 목표고 사명입니다. 재가 되려면 화르르르 타올라야 하잖아요. 그러기 위해서는 바람을 기다리는 거예요. 시적 화자는 여기서 불을 의인화하고 불과 장작개비, 그리고 바람을 떼려야 뗄 수 없는 결합구조, 사랑의 구조로 형상화한 것입니다.

저는 산불보다는 난롯불이나 모닥불을 생각하며 시를 썼습니다. 모닥불은 여름에도 피우고 겨울에도 피웁니다. 여름에는 모기를 쫓으려고 피우고 캠프파이어를 할 때 사용하는 거예요. 겨울에도 추울까봐 모닥불을 피워놓고 앉아서 도란도란 이야기를 나누는 것입니다.

그런데 모닥불이 전성기로 타오를 때는 화르르르 타오릅니다. 그러나 그렇게 화르르르 타오르는 불도, 장작개비를 더 올려놓지 않으면 사르르르 사그라들게 되어 있습니다. 그러다가 나중에는 재를 남기고 꺼지는 거예요. 그러니까 모닥불이 안 꺼지도록 하려면 계속 장작개비를 얹어놓아야 하지요.

그러나 계속 모닥불만 피울 수는 없잖아요. 때가 되면 헤어지거나 잠을 자야 합니다. 그러니까 언젠가 모닥불은 꺼지게 되어 있어요. 그런 의미에서 박건호 씨는 인생을 '모닥불'이라고 했습니다. '인생은 연기 속에 재를 남기고 말없이 사라지는 모닥불 같다'고 말이죠.

♪ 인생은 연기 속에 재를 남기고
　말없이 사라지는 / 모닥불 같은 것
　타다가 꺼지는 그 순간까지
　우리들의 이야기는 / 끝이 없어라

성경에도 보면 불 이야기가 소개되고 있습니다. 성경에서 소개되는 불은 땅의 불이 아니라 하늘의 불 이야기입니다. 모세가 성막을 지은 후에 번제단에 제물을 올려놓았습니다. 그랬더니 하나님께서 거룩한 불을 내려주셔서 모든 번제물을 살라주셨습니다.

레 9:24 불이 여호와 앞에서 나와 제단 위의 번제물과 기름을 사른지라 온 백성이 이를 보고 소리 지르며 엎드렸더라

하나님께서는 이 불을 보관하도록 하셨습니다. 마치 올림픽의 성화 불을 끄지 않고 보관한 것처럼, 하나님께서도 당신이 직접 내리신 불을 보관하였다가 그 불로만 제사를 드리고 그 불로 금등대와 분향단의 불을 켜도록 하셨습니다.

특별히 광야 시대에는 이스라엘 백성들이 한 곳에만 머물러 있는 것이 아니라 광야를 옮겨 다녀야 했습니다. 그러니까 광야에서 이동 중에는 불을 담아서 보관을 해야 했어요. 바로 이 불을 보관하기 위해서 하나님께서는 불을 담고 옮기는 그릇도 만들라고 했던 것입니다.

출 27:3 재를 담는 통과 부삽과 대야와 고기 갈고리와 불 옮기는 그릇을 만들되 제단의 그릇을 다 놋으로 만들지며

민 4:14(상) 봉사하는 데에 쓰는 모든 기구 곧 불 옮기는 그릇들과

고기 갈고리들과 부삽들과 대야들과 제단의 모든 기구를 두고…

이렇게 하나님께서는 하늘에서 내리신 불을 계속 보관하여 이 불로만 제사를 드리게 하셨습니다. 결코 다른 불을 드리면 안 되었습니다. 왜 그랬을까요? 하나님께 드리는 예배가 얼마나 거룩하고 신성한 것인가를 교훈해 주기 위해서였습니다.

그런데 아론의 아들 나답과 아비후는 하나님께 제사드릴 때, 다른 불로 분향하고 제사를 드리다가 하나님의 진노로 죽임을 당하고 말았습니다.

레 10:1-2 아론의 아들 나답과 아비후가 각기 향로를 가져다가 여호와께서 명령하시지 아니하신 다른 불을 담아 여호와 앞에 분향하였더니 불이 여호와 앞에서 나와 그들을 삼키매 그들이 여호와 앞에서 죽은지라

보십시오. 하나님의 불이 나와서 한순간에 그들을 살라죽게 해 버렸습니다. 하나님께서는 이 사건을 통하여 오고 오는 세대에 하나님께 드리는 제사가 얼마나 거룩하고 영광스럽고 신성한 것인가를 절감하게 해 주셨습니다.

그런데 다른 불로 제사를 드리지 않는 것도 중요하지만, 더 중요한 것은 번제단의 불을 어떤 경우에도 끄지 말라고 말씀하셨습니다. 또한 번제단의 불뿐만 아니라 금등대와 금향단의 향불도 절대

로 꺼뜨리지 말라고 하셨습니다.

　옛날에 아무리 호롱 안에 기름이 있어도 심지가 오래 타면 심지 똥이 생겨서 깜박깜박 꺼지기도 했습니다. 그래서 이스라엘의 제사장들은 항상 아침과 저녁으로 금등대의 불을 점검해야 했고 금향단의 향불도 간검을 해야 했습니다.

출 27:20-21 너는 또 이스라엘 자손에게 명령하여 감람으로 짠 순수한 기름을 등불을 위하여 네게로 가져오게 하고 끊이지 않게 등불을 켜되 아론과 그의 아들들로 회막 안 증거궤 앞 휘장 밖에서 저녁부터 아침까지 항상 여호와 앞에 그 등불을 보살피게 하라…

출 30:7-8 아론이 아침마다 그 위에 향기로운 향을 사르되 등불을 손질할 때에 사를지며 또 저녁 때 등불을 켤 때에 사를지니 이 향은 너희가 대대로 여호와 앞에 끊지 못할지며

　이렇게 이스라엘 백성들은 언제든지 성소 안의 금등대와 분향단의 불이 꺼지지 않도록 잘 관리해야 했습니다. 이스라엘 전통에 의하면 제사장이 게을러서 관리를 못하여 성소 안의 불이 꺼져 버리면 그 직분을 수행하지 못하도록 했다고 합니다. 그만큼 하나님은 제단 불을 중요하게 생각하셨습니다. 그뿐입니까? 하나님께서는 번제단의 불도 꺼뜨리지 않도록 말씀하셨습니다.

레 6:9 아론과 그의 자손에게 명령하여 이르라 번제의 규례는 이러하니라 번제물은 아침까지 제단 위에 있는 석쇠 위에 두고 제단의 불이 그 위에서 꺼지지 않게 할 것이요

레 6:13 불은 끊임이 없이 제단 위에 피워 꺼지지 않게 할지니라

하나님의 성막에서는 아침저녁으로 매일 상번제가 드려졌습니다. 상번제라는 말은 매일 일상적으로 드리는 번제의 제사를 말합니다. 그러므로 제단 불이 꺼지지 않도록 하라는 말은 상번제가 중단되지 않도록 하라는 말씀입니다. 그래서 상번제를 드릴 때에 당직 제사장이 성소 안에 들어가서 아침과 저녁으로 금등대의 불과 분향단의 불을 점검했던 것입니다.

그러면 왜 하나님께서 이처럼 제단 불을 끄지 말라고 하셨을까요? 그 이유는 단 하나였습니다. 제단 불이 이스라엘의 생명이고 축복이었기 때문입니다. 이스라엘 백성들에게 있어서 제사는, 그들의 숨통이고 축복의 젖줄이었습니다. 성냥불이 없던 옛날에는 며느리가 불을 꺼지게 하면 쫓겨나는 일도 있지 않았습니까?

그런 것처럼 어떤 경우든지 그들은 제단 불을 살려놓아야 했습니다. 그리고 그 불로 그들은 매일매일 상번제를 드려야 했습니다. 아무리 힘들고 어려워도, 비록 전쟁과 재난 중이라 하더라도, 이스라엘의 제사장은 상번제만큼은 중단시켜서는 안 되었습니다.

만일 성전에서 매일매일 상번제만 드려진다면 아무리 나라 안

에 그 어떠한 재앙과 재난의 바람이 소용돌이치며 불어온다 할지라도 나라는 절대로 망하지 않았습니다. 비록 적군이 나라를 침략해 오고 피비린내 나는 전쟁이 계속된다 할지라도, 이스라엘의 성전에서 상번제만 드려지고 금등대와 분향단의 불만 켜져 있으면 절대로 이스라엘은 망할 수가 없었습니다.

번제단의 불이 꺼질 때 이스라엘 국가도 없어지게 되는 것이죠. 존망을 같이 하게 되어 있습니다. 그러니 아무리 재난과 재앙, 그리고 어떠한 난리통이나 전쟁 중에도 제사장은 항상 번제단의 불이 꺼지지 않도록 해야 했습니다. 그리고 매일매일 금등대의 등불을 간검하고 향단의 불이 꺼지지 않도록 향 재료를 계속 넣어야 했습니다. 그것이 바로 제사장들이 할 일이었습니다.

이 번제단의 불이 꺼지지 않는 한, 이스라엘 역사는 끝나지 않습니다. 성전의 불이 꺼졌을 때, 이스라엘 역사의 등불이 꺼지기 때문입니다. 그래서 실제로 예루살렘 성전의 등불이 꺼지고 상번제가 끊어질 때 이스라엘이 바벨론에 패망하게 된 것이 아닙니까?

바벨론에 1차 패망하며 여호야긴이 끌려갈 때 귀족과 제사장들, 그리고 에스겔 선지자도 함께 끌려갔습니다. 그러면 그때라도 유다 백성들이 하나님께 회개하고, 번제단에서 상번제를 잘 드렸어야 할 것 아닙니까? 그러나 이미 성전은 번제를 드리고 등불과 향불을 켜는 기능을 소실해 버리고 말았습니다.

그래서 에스겔이 바벨론에 끌려가서 그발 강가의 갈대 밭에서 갈대를 부여잡고 이스라엘을 위해 기도하였습니다. 에스겔은 참

선지자였지만, 거짓 선지자 하나냐의 예언이 이루어져서 다시 수 년 안에 고토로 돌아가도록 기도했을 것입니다.

그는 그발 강가의 갈대를 붙들고 눈물로 회개하며 이렇게 기도 했을 것입니다.

"하나님, 제가 더 하나님을 사랑하겠습니다. 제가 더 하나님을 잘 섬기겠습니다. 그러하오니 유다 백성들에게 긍휼을 베풀어 주 옵소서. 나의 동족에게 자비를 베풀어 주옵소서."

♪ 사랑해요 목소리 높여 경배해요 내 영혼 기뻐
 오 나의 왕 나의 목소리 주님 귀에 곱게 곱게 울리길

여러분도 교회나 나라와 민족을 위해 이렇게 기도하며 간구하기 를 바랍니다. 그런데 그때 하나님께서 에스겔 선지자에게 유다 백 성들이 예루살렘 성전에서 무슨 짓거리를 하고 있는지를 보여주셨 습니다. 그러면 에스겔이 본 환상은 무엇이었습니까?

겔 8:14 그가 또 나를 데리고 여호와의 전으로 들어가는 북문에 이 르시기로 보니 거기에 여인들이 앉아 담무스를 위하여 애곡하더라

지금 이스라엘 여자들이 하나님의 성전에서, 하나님께 제사는 드리지 않고, 담무스를 위해 애곡을 하고 있다고 하지 않습니까? 이 여인들은 나실인의 방에서 몸과 마음을 정결히 하고 하나님께

몸과 마음을 드리는 여자들이었습니다. 그런데 이런 여자들이 담무스를 위하여 애곡을 하고 있는 것입니다.

담무스를 위해 애곡한다는 말이 무슨 말입니까? 담무스는 고대 바벨론의 초대 왕인 니므롯과 그의 아내 세라미스 사이에서 태어난 아들입니다. 그런데 아버지 니므롯이 죽고 나중에 아들 담무스가 왕이 되는데 아직 담무스는 나이가 어렸습니다. 그래서 어린 담무스 대신 어머니 세라미스가 수렴청정을 합니다.

그러나 나중에 권력의 참맛을 본 세라미스는 자신이 여왕이 되기 위하여 교묘하게 아들 담무스를 멧돼지에게 잡혀 죽임을 당하도록 합니다. 그리고는 담무스가 멧돼지에게 너무 억울하게 죽었다고 백성들에게 호소합니다. 세라미스가 뭐라고 호소한 줄 아십니까?

"억울하게 죽은 담무스를 위하여 여인들이 통곡하고 애곡하면 담무스가 다시 살아나서 너희들의 아픔과 죄악과 고난을 승리와 영광으로 부활시켜주리라."

이 호소가 훗날 담무스 거짓 신화로 발전하게 됩니다. 그리고 이스라엘까지 이 담무스 신화가 전해지게 된 것입니다.

그런데 지금 에스겔이 환상으로 보니, 예루살렘의 여인들이 하나님의 성전에서 하나님께 기도하고 회개를 해야 하는데 담무스를 위해 애곡하고 있습니다. "이스라엘의 하나님이 우리를 버렸거나 능력이 없어서 우리를 지켜주지 못하니 이제 담무스를 위하여 애곡을 하자"는 것입니다.

그들은 이렇게 담무스에게 애곡을 하고 있습니다.

"담무스 신이여, 제발 바알과 함께 일어나서, 우리 민족을 구원해 주소서! 이제라도 일어나서 우리 예루살렘 거민을 지켜주시고, 저 바벨론에 끌려갔던 우리 민족을 다시 돌아오게 해 주옵소서!"

얼마나 가증스러운 일입니까? 얼마나 하나님 보시기에 구역질 나는 모습입니까? 그뿐 아닙니다. 하나님은 이스라엘 백성들이 이보다 더 가증스러운 일을 하고 있는 모습을, 에스겔 선지자에게 보여주셨습니다.

> 겔 8:15-16 …너는 또 이보다 더 큰 가증한 일을 보리라 하시더라 그가 또 나를 데리고 여호와의 성전 안뜰에 들어가시니라 보라 여호와의 성전 문 곧 현관과 제단 사이에서 약 스물다섯 명이 여호와의 성전을 등지고 낯을 동쪽으로 향하여 동쪽 태양에게 예배하더라

지금 이스라엘 백성들은 하나님의 번제단에서 하나님께 제사드리지 않고 성전 마당 동쪽에 태양신상을 만들어 놓고 태양신을 섬기고 있었습니다. 한두 명도 아니고, 스물다섯 명이나 그 짓거리를 하고 있었습니다.

이들이 누구인 줄 아십니까? 당시 제사를 드릴 수 있는 사람은 제사장밖에 없습니다. 그러니까 제사장들이 이런 짓거리를 하고 있는 것입니다. 제사장들이 되어서 하나님께 상번제는 안 드리고 태양신에게 제사하며 분향을 했다는 말입니다. 그러니까 당연히

번제단의 불이 꺼져버리고, 상번제는 중단되어버린 것이죠.

그러니 어찌 하나님께서 이스라엘에게 자비를 베푸시겠습니까? 어찌 이스라엘에게 긍휼과 구원을 베푸시겠습니까? 하나님은 그들에게 긍휼과 자비를 베풀어주실 수가 없습니다. 그래서 아예 그들을 완전히 멸망시키기로 작정을 하신 것입니다.

그 후로부터 몇 년 후 시드기야 왕 때 예루살렘은 완전히 함락되어 버리고 말았습니다. 성만 무너진 것이 아니라 그 휘황찬란한 솔로몬 성전도, 훼파되어버리고 말았습니다. 얼마나 서글픈 일입니까?

성과 성전이 무너진 후에 시드기야 왕은 두 눈이 뽑혀서 피를 철철 흘리며 끌려갔습니다. 그리고 귀족도 잡혀가고, 모든 성전의 제사장도 잡혀갔습니다. 아마 그들은 쇠사슬에 묶여 끌려가면서 이런 노래를 불렀을 것입니다.

♪ 성은 허물어져 빈터이고 제단불도 꺼졌네
　세상이 서글픈 것을 말하여 주노라
　아 괴로운 이 사건을 가슴 속에 애끓이며
　이 몸은 끌려서 가노니 성 터야 잘 있거라

뿐만 아니라 성전의 모든 기명과 기구도, 다 바벨론에 전리품으로 빼앗겨 버리고 말았습니다. 번제단의 불만 꺼진 것이 아니라, 번제단의 기구와 금등대, 금향단의 모든 기구까지 바벨론 사람들이 가지고 갔습니다.

렘 52:17-19 갈대아 사람은 또 여호와의 성전의 두 놋기둥과 받침들과 여호와의 성전의 놋대야를 깨뜨려 그 놋을 바벨론으로 가져갔고 가마들과 부삽들과 부집게들과 주발들과 숟가락들과 섬길 때에 쓰는 모든 놋그릇을 다 가져갔고 사령관은 잔들과 화로들과 주발들과 솥들과 촛대들과 숟가락들과 바리들 곧 금으로 만든 물건의 금과 은으로 만든 물건의 은을 가져갔더라

성전의 제단 불이 꺼지고 상번제가 중단되었을 때, 이스라엘 역사에 이런 비극이 찾아오게 된 것입니다. 이것은 오늘 우리도 마찬가지입니다. 오늘날 우리에게도 제단 불이 꺼져버리면 안 됩니다. 심령의 제단 불, 가정의 제단 불, 교회의 제단 불이 꺼져서는 안 됩니다.

특별히 교회는 어떤 경우에도 예배를 중단해서는 안 됩니다. 교회가 예배를 중단하면 우리도 이런 비참한 꼴을 당할 수 있습니다. 우리가 드리는 예배가 얼마나 소중한지 아십니까? 예배는 교회의 생명이고 축복입니다. 또한 가정의 생명이고 축복입니다. 아니 우리 개인의 생명이고 축복입니다.

더 나아가 오늘날 우리의 국가가 생존하고 부흥하는 데도, 예배가 얼마나 중요한지 모릅니다. 왜냐면 오늘날 교회가 드리는 예배를 통해, 국가에 축복이 전달되며 국력을 신장하게 만들어주기 때

문입니다.

그런 의미에서 노벨 경제학상을 받은 하버드 대학의 아마르티아 센 교수는 "한 국가가 성장하고 국력이 신장하였던 그 배후에는 반드시 기독교의 영적인 부흥이 있었다"라고 했습니다. 영적인 부흥이 있을 때는 예배의 불이 활활 타오르고 있었다는 것입니다.

사실 우리나라가 1980년대 중반까지만 해도 주일예배를 안 드리면 죽는 줄 알았습니다. 주일성수 안 하면 죽는 줄 알았습니다. 성도들의 심령에 항상 예배를 향한 열망의 불이 타오르고 있었습니다. 얼마나 예배를 사모했는지 토요일이 되면 주일날 입고 갈 옷도 다리미로 다려놓고 심지어는 주일헌금 할 돈까지 다리미로 다려서 준비를 했습니다.

그렇게 예배를 향한 사모의 불이 활활 타오르니까 교회도 부흥했고 국력도 신장되었습니다. 그런데 새천년 시대를 맞이하여 국민소득이 2만 불이 되면서부터 주일성수에 대한 신앙이 희미해지기 시작했습니다. 옛날처럼 예배를 사모하고 열망하는 불이 사그라들기 시작한 것입니다.

그러더니 올해는 갑자기 코로나 위기상황을 맞아 얼마나 많은 교회들이 예배를 못 드리고 있는지 모릅니다. 예배의 불이 꺼지니까 교회가 급격하게 쪼그라 들어가지 않습니까. 한국교회는 정부가 요구하는 방역 수칙을 철저히 지킬 것이니, 정부는 예배 통제를 하지 말라는 선제적 대응을 해야 했습니다. 이것은 저의 시종일관한 주장이었습니다.

그러나 한국교회는 너무 코로나에 겁을 빨리 먹고 예배를 쉽게 포기하는 결정을 해버리고 말았습니다. 그런데 몇 주를 지내고 보니 이제야 정신이 들기 시작한 것입니다. 얼마나 안타까운 일입니까. 시골교회들도 면장이 찾아와서 하도 사정을 하니까 많이들 예배를 안 드렸다고 합니다.

그 이야기를 듣고 제가 말했습니다.

"그러면 예배를 마당에서라도 드리든지, 아니면 세 번, 네 번으로 나누어서라도 드려야지요. 코로나 전염병 때문에 우리가 이웃의 생명을 사랑하고 정부가 제시하는 수칙을 지켜야 하지만, 그러나 예배 자체를 중단하면 안 되지요."

흔히 종교는 공기에 비유를 하고 정치는 물에 비유를 하기도 합니다. 그러니까 우리가 사는 사회는 종교도 필요하고 정치도 필요한 것입니다. 사람이 살기 위해서 공기도 필요하고 물도 필요한 것처럼 말입니다.

그러므로 종교를 사치로 여기거나 무가치하게 여긴 사람은 영원을 포기한 자라는 말입니다. 또 먹고 살기도 바쁜데 무슨 정치에 관심을 갖느냐고 하는 사람 역시 평생을 포기한 자라고 할 수 있습니다. 왜냐면 정치는 한 생을 좌우하지만 종교는 영원을 좌우하기 때문입니다.

그래서 저는 코로나 위기가 왔을 때 더 악착같이 예배에 목숨을 걸었습니다. 저도 코로나 핑계를 대며 모든 예배를 중단하고 곤지암기도원에 가서 쉬고 싶은 마음이 들었습니다. 그러면 저는 좋지요. 마음껏 잠도 자며 제 인생을 관조하며 엔조이를 하지 않겠습니까? 그러나 그러다 보면 우리 교회도 예배의 불이 사르르르 꺼지게 되어 있습니다.

그러면 우리 교회도 어느새 화르르르 타올랐던 예배의 불이 사르르르 꺼져버리게 된다 이 말입니다. 그래서 저는 코로나 위기가 오자마자 주일에는 저녁예배까지 여섯 번 예배를 다 인도했고, 수요1·2부와 금요철야예배도 다 인도했습니다. 뿐만 아니라 새벽기도까지 제가 다 인도했습니다. 그러다가 제가 그만 성대가 붓고 염증이 생겨버린 것입니다.

그러나 며칠 약을 먹고 쉬다가 다시 또 예배를 인도하기 시작했습니다. 왜냐면 제가 예배의 불을 끄지 않기 위해서였습니다. 천국에 가서 주님께 책망을 받으면 어떻게 되겠습니까? 아무리 힘들고 어려워도 예배가 살아야 하고, 또 예배가 중단되어서는 안 됩니다. 오늘날 우리에게도, 예배가 생명이며 축복이기 때문입니다. 제단 불이 우리의 숨통이며, 축복의 줄이기 때문입니다.

그러므로 어떤 경우에도 제단 불을 꺼트리면 안 됩니다. 코로나의 위기 속에서도 결코 예배를 포기하면 안 됩니다. 예배에 올인해야 합니다. 예배의 불을 화르르르 타오르게 해야 합니다. 그 예배가 온라인 예배가 되었든 현장예배가 되었든 예배의 불이 화르르르 타오르게 해야 합니다. 우리 모두 그런 사람이 되기를 바랍니다.

♪ 성령 안에 예배하리라 / 자유의 마음으로
　사랑으로 사역하리라 / 교회는 생명이니
　교회를 교회 되게 예밸 예배 되게 / 우릴 사용하소서
　진정한 부흥의 날 오늘 임하도록 / 우릴 사용하소서

왜 '화르르르'인지 아시나요? '불 화(火)' 자이기 때문입니다. 활활 타오르는 것입니다. 왜 '사르르르'인지 아십니까? '죽을 사(死)' 자입니다. 그래서 죽어서 꺼져버리는 것입니다.

여러분, 불에도 사연이 있다고 하지 않았습니까? 아니 불도 항상 사랑과 열정을 원하고 있습니다. 이 지상에 있는 어느 불이라고 스스로 사그라들기를 원하고 꺼지기를 원하겠습니까? 불은 항상 타오르고 싶어 합니다. 그러기 때문에 불은 항상 마른 장작개비가 던져지기를 원합니다. 비록 축축한 장작개비가 던져진다 할지라도 그걸 품에 안고 바람이 불어주기를 원하는 것입니다. 이것이 불의 사연이고 불의 욕망입니다.

이 땅의 불도 그렇거늘. 하물며 하늘의 불이야 더 그렇지 않겠습니까? 하늘의 불은 더 화르르르 타오르기를 원합니다. 그래서 하나님은 당신을 잘 섬기며 당신의 예배를 잘 드리도록 하기 위하여 우리에게 성령의 불을 허락해 주셨습니다. 그러므로 우리는 우리 안에서 이러한 성령의 불이 화르르르 타오르도록 해야 합니다.

우리 안에서 성령의 불이 활활 타올라야 예배를 사모하며 예배드리기를 열망하게 됩니다. 그러나 우리가 우리 안에서 성령의 불을 소멸해 버리면 예배드릴 마음도 없고 예배를 사모하는 마음이 전혀 없습니다. 그런 의미에서 성령께서는 우리에게 성령을 소멸치 말라고 말씀하지 않았습니까?(살전 5:19)

우리는 우리 안에 성령의 불이 타오르게 해야 합니다. 그리고 그런 마음들이 모여서 우리 교회 안에 예배의 불이 화르르 화르르 타오르게 해야 합니다. 그래야 우리 영혼이 살고 가정이 살고 교회가 삽니다. 그래야 우리의 심령도 부흥하고 가정도 부흥하고 교회도 부흥하게 됩니다. 그리고 국가도 부흥하게 되는 것입니다.

그러므로 여러분 속에 성령의 불길이 타오르기를 축복합니다. 우리 교회 안에 이 성령의 불과 예배의 불이 화르르 타오를 수 있기를 바랍니다. 아니 부흥의 불길이 화르르르 타오르는 은혜가 있기를 바랍니다. 코로나 이후에 우리 교회가 더 예배하는 심령이 많아지기를 바랍니다. 예배하는 숫자가 많아지기를 바랍니다. 예배의 열정의 불이 타오를 수 있기를 바랍니다.

그래서 우리 교회뿐만 아니라 이 지역 교회와 한국교회에 부흥의 불길을 화르르르 화르르르 타오르게 할 수 있기를 바랍니다. 우리나라와 민족에도 부흥의 불길이 번져가게 할 수 있기를 바랍니다.

♪ 부흥의 불길 타오르게 하소서 / 진리의 말씀 이 땅 새롭게 하소서
   은혜의 강물 흐르게 하소서 / 성령의 바람 이제 불어와
   오 주의 영광 가득한 새날 주소서 / 오 주님 나라 이 땅에 임하소서

기도

주님, 우리가 이 황막한 폐허의 시간에서도 주님 주신 은혜로 주님이 우리에게 주신 제단 불을 꺼트리지 않으려고 온갖 몸부림을 다하고 있습니다. 부족한 종과 온 교인들이 안간힘을 쓰고 있습니다. 그러나 우리의 능력으로는 부족합니다. 그러므로 주님께서 당신의 불을 우리의 심령과 교회에 부어 주시옵소서.

그러므로 주님, 우리는 하늘의 불을 기다립니다. 우리는 바람을 기다립니다. 지금 이 시간 성령의 불로 오시옵소서. 성령의 바람으로 오시옵소서. 다시 한국교회 안에 성령의 바람이 불어오게 하옵소서. 성령의 바람으로 인하여 우리의 제단 불이 다시 활활 타오르게 하옵소서. 그리고 그 제단 불이 한국교회로 번져가게 하옵소서. 예수님의 이름으로 기도드립니다. 아멘.

불조심을 아무리 강조해도 지나치지 않듯이 예배를 아무리 강조해도 지나치지 않는다. 그러므로 성도들에게 예배의 신성함과 소중함을 다시 재교육해야 한다. 그래야 성도들은 매번 예배를 새롭게 경험하게 될 것이다.

예배의 신성함 교육하기

예배는 하나님을 기쁘게 하고 하나님께 드리는 제물이다. 하나님께서는 예배를 제물로 받으시고 임재하시고 복을 주신다. 그리고 그

복이 예배를 통하여 지역사회와 세상에 흘러가게 된다. 그러므로 예배는 가장 신성한 것이다. 로마의 박해가 극심할 때 초대교회 성도들은 카타콤베의 지하 동굴에 숨어 들어가서 예배를 드렸고, 중국과 북한의 공산당 치하에서도 성도들은 가정교회, 지하교회를 구축하며 끝까지 예배를 지켰다. 우리나라 역시 6·25전쟁 때도 예배는 중단되지 않고 계속 지켰다.

그런데 코로나 사태가 일어나자 정부와 지자체가 너무 종교단체의 예배만 제재를 하려고 했다. 실제로 백화점, 마트, 식당, 노래방, 유흥시설 등은 전혀 통제하지 않았다. 그래서 이재명 경기도지사와 간담회를 하는 자리에서 물어보았다.

"왜 이렇게 교회만 제재하려고 하는 것입니까?"

그랬더니 이런 말을 하였다.

"최소한의 경제생활을 어떻게 막겠습니까? 경제가 멈춰버리면 어떻게 되겠습니까? 목사님들께서는 예배가 신성하고 목숨처럼 소중한 것이지만 정부나 지자체 입장에서는 일단 먹고사는 문제를 해결해 주어야 합니다. 목사님들께서는 온라인으로라도 예배를 드릴 수 있지 않습니까?"

그분들 입장에서는 맞는 말이다. 그리고 감염을 막기 위해서는 그렇게 해야 한다. 그러나 나는 이런 이야기를 했다.

"뉴욕 맨해튼에 센트럴파크를 만들자고 했을 때, 수많은 사람들이 그 비싼 땅에 무슨 공원을 만드냐며 차라리 높은 건물을 지어 수익을 내자고 극심한 반대를 했습니다. 그때 센트럴파크를 설계한 옴스테트가 이런 말을 했습니다. '지금 이곳에 공원을 만들지 않는다면, 100년 후에는 이 넓이의 정신병원을 만들어야 할 것입니다.' 그런 것처럼 한국의 모든 종교 활동이 전면 중단되고 예배가 중단된다면 우리 사회는 코로나블루를 넘어서 사람들의 마음이 황폐화하고 산성화되어버릴 것입니다. 이러한 영혼의 황폐화와 마음의 산성화를 어떻게 막으려고 하십니까? 그러므로 정부와 자자체가 영화나 공연 같은 것은 자유롭게 관람을 허락해 주고 교회 예배만 단속하려고 하는 것은 문제의 소지가 있습니다."

다행히 차후에 정부와 경기도가 유흥업소까지 제재를 하기는 했지만 우리 사회가 예배의 신성함을 모르기 때문에 일어난 현상이다. 한국교회 역시 진짜 예배의 신성함을 알았다면 어떻게 이렇게 예배를 쉽게 포기하는 교회들이 나왔겠는가. 뻔한 예배 매뉴얼로만 드리며 진정한 예배의 가치를 모르고 소중함을 몰랐기 때문이다.

진짜 예배의 신성함과 가치를 알았다면 코로나 사태 때 교회당이 그렇게 텅텅 비어버릴 수 있었겠는가. 정말 우리가 예배의 신성함을 알았다면 절대 그렇지 않았을 것이다. 세상 사람들 역시 교회가 예배드리는 것을 그토록 공격하지는 않았을 것이다. 오히려 예배의 신성함을 알았다면 이런 부탁했을 것이 아닌가.

"여러분, 우리는 예배 못 가지만 여러분이라도 예배 잘 드려서 어서 빨리 코로나가 물러나게 해 주세요. 여러분이 우리를 위해서 기도해 주세요. 우리나라와 민족을 위해서 정말 간절히 기도해 주세요. 그래서 어서 빨리 코로나가 이 땅에서 물러가도록 간절히 기도

해 주시기 바랍니다."

다리오 왕이 유다 백성들에게 이렇게 부탁하지 않았는가. 소와 양을 번제물로 주면서 "제발 유다의 제사장들은 나와 왕자들을 위해서 기도해주기를 부탁하오"라고 하였다. 믿지 않는 이방 나라의 왕이 유다의 제사장들에게 이런 부탁을 했던 것이다. 그러므로 코로나 이후에 한국교회가 다시 사는 길은 예배의 신성함을 회복하는 데 있다.

예배의 공동체성 회복하기

코로나 사태로 인하여 드려진 온라인 가상예배는 부득이한 경우 임시적이고 비상수단으로만 한 것이다. 예배는 반드시 현장에 함께 모여서 드리는 공동체성과 집례성이 있어야 한다. 코로나 이후 한국교회는 하루속히 예배의 공동체성을 회복해야 한다. 온라인 예배가 습관화되고 체질화되면 결코 안 된다.

어떤 성도는 주일에 교회는 오지 않고 콘도에 가서 스마트폰이나 갤럭시탭으로 예배를 드렸다고 한다. 말이 되는 일인가. 정말 감염의 위험 때문에 어쩔 수 없이 임시적으로 온라인 예배를 드릴 수는 있지만, 전혀 그런 상황이 아님에도 주말에 여행을 가거나 골프를 치러 가서 온라인 예배를 드리는 것은 결코 안 된다.

코로나 이후에 예배의 공동체성을 회복해야 한다. 그러려면 공동체가 모여서 예배드리는 것이 얼마나 중요한 것인가를 교육하고 절실하게 깨닫게 해야 한다. 정말 예배론 교육을 잘해야 한다. 한국교회가 성경공부, 제자훈련, 그 어떤 프로그램보다도 당분간 공동체 예배 회복에 집중해야 한다.

예배를 통한 하나님의 임재와 영광 체험하기

사실 한국교회는 코로나가 시작되자마자 온라인 예배가 성경적이냐, 아니냐를 놓고 논쟁하였다. 이 논쟁은 한동안 지속되었다. 그래서 예배를 강행하자는 여론이 형성되었다. 그러나 예배를 강행한다 하더라도 필자가 조사해 본 결과 평상시 기준하여 30% 이상 모인 교회는 하나도 없었다. 아니 반의 반 토막 난 교회도 많았다.

그러므로 한국교회는 찬반 논쟁을 할 것이 아니라 선제적 대응을 했어야 한다. 우리 교회는 예배를 취소한다는 말을 한 번도 해 본 적이 없다. 예배는 무조건 드렸다. 그러나 정부가 제시하는 7대 수칙을 철저히 지키면서 인원을 축소해서 드렸다. 평상시 주일예배처럼 너무 많은 성도들이 와서 교회가 집단감염의 진원지가 되고 슈퍼 감염자가 되어버리면 사회적 비난과 공격을 어떻게 감당할 수 있겠는가.

그래서 버스 운행을 중단하고, 노약자와 감염의 위험이 있는 사람들을 제외하고 교회에 올 수 있는 성도들은 현장예배를 드리도록 했다. 그래서 코로나 시작부터 30% 정도는 계속 출석을 하였다. 대신 예배는 2, 3, 4부가 집중이 되는데 1부, 5부, 6부까지 분산하여 드렸다. 그렇게 방역을 철저히 하고 사회적 거리 두기도 지키면서 끝까지 예배를 포기하지 않았다. 그리고 부교역자들에게 맡기지 않고 모든 예배를 내가 직접 다 인도했다.

코로나 사태에서 온라인 예배가 성경적이냐, 아니냐 논쟁하는 것이 중요한 것이 아니다. 그 상황에서는 어쩔 수 없이 온라인 예배를 드려야 했다. 그런데 예배의 형식보다 중요한 것이 코로나 위기 속에서 그 예배에 참석한 성도들이 하나님의 임재의 영광을 경험하느냐 그렇지 않느냐가 중요하다.

코로나라고 하는 비상사태로 인해 온라인 예배를 드릴 때도 거기에 하나님이 임재가 가득한 게 중요하다. 아무리 현장예배를 강행한다 하더라도 하나님의 임재가 없으면 안 된다. 나는 온라인 예배가 되었든 현장예배가 되었든 성도들에게 하나님의 임재가 가득한 예배를 경험할 수 있도록 노력하였다. 코로나 이후에도 가장 우선하여 예배를 통하여 하나님의 임재의 영광을 경험하도록 노력할 것이다. 한국교회의 미래가 여기에 있기 때문이다.

설교에 생명력 더하기

코로나 이후에도 지금까지 해 왔던 뻔한 설교 방식 가지고는 반의 반 토막이 나 버린 한국교회를 온전히 회복시키기는 힘들다. 매뉴얼화된 설교, 정형화된 설교, 화석화된 설교로는 안 된다. 그리고 두 달, 석 달 이상 교회를 못 나온 성도들이 코로나가 끝난 후 교회 오는 것이 어색하고 불편할 수 있다. 그런 상황에서 설교가 지루하고 정형화되고 무거운 설교를 하면 무슨 감동이 있겠는가.

더구나 유튜브를 통해서 성도들이 다양하고 수많은 목사들의 설교를 들어봤다. 그러니까 자기가 나가는 교회 담임목사의 설교와 비교할 수 있다. 설교의 감동과 새로움이 없으면 다시 온라인으로 돌아가 버릴 수 있다. 그러다가 결국 교회에 정착하지 못하고 노마드(유목민) 신자가 되어버릴 수 있다. 그러므로 설교에 생명력을 더해야 한다.

미국 퓨리턴 리폼드신학교 설교학 교수인 조엘 비키는 설교는 크게 두 가지가 있다고 설명했다. 하나는 정보 전달의 설교가 있다. 이것은 지식적인 설교다. 이 설교를 하면 설교자도 우쭐하고 듣는 사람도 우쭐하게 되어 있다. 이런 설교가 몇 번은 일반적인 상황에서는 통용이 될 수 있다. 그러나 코로나와 같은 위기 상황에서는 재고해 보아야 한다.

또 하나는 솜사탕 같은 설교다. 현대인이 너무 우울하고 다운되어 있는 상황에서 항우울제 같은 역할을 한다. 외환위기(IMF)를 졸업하던 1990년대 후반, 우리 사회는 활기와 열정이 넘쳤다. 벤처 사업 열풍, 사상 초유 저금리 시대, 디지털 산업의 진보, 대형 할인마트, 온라인 홈쇼핑의 인기는 소비 심리를 자극하며 경제 활황을 이끌었다. 현대인은 자기계발서를 읽으며 스펙과 실력만 잘 갖추면 성공할 수 있다는 부푼 희망을 가졌다.

그러나 2003년에 카드 대란 사태가 터졌다. 무차별적인 카드 공급 과잉으로 인한 필연적인 결과였다. 그 카드 대란이 사회 분위기를 한순간에 냉정하게 가라앉혀 버렸다. 그래서 사람들은 점점 인생 2막이나 인생 하프 타임을 두려워하며 꿈의 보폭을 좁혔다. 그러다 2008년에 미국 월가에서부터 시작된 글로벌 금융위기는 인간이 지닌 휘장을 모두 벗겨버렸다.

그때 사람들은 개인의 의지로는 아무것도 바꿀 수 없다는 사실을 스스로 깨달았다. 그 상황과 맞물리며 스스로 간절히 원하기만 하면 무엇이든지 얻을 수 있다는 론다 번의 《시크릿》이 열풍을 일으켰다. 사람들은 그 책에 마지막 희망을 걸었지만 손에 쥐어지는 것은 아무것도 없었다. 그래서 사람들은 일자리, 소득, 내 집 마련, 결혼, 자녀교육, 미래에 대한 희망 등을 하나하나 포기하며 불안에 떨기 시작했다. 그리고 연이어 경제 위기의 파고가 요동치기 시작하면서 불안과 냉소에 지친 대중의 마음을 위로하는 메시지가 나오기 시작했다. 그것이 바로 항우울제와 같은 위무의 책과 강연이었다.

특히 불교계 승려들의 저술이 베스트셀러 10위 안에 진입하며 인기를 끌었다. 그러나 이런 흐름과 현상은 결코 바람직한 것만은 아니다. 왜냐하면 대부분 저술들이 항우울제와 같이 환경에 수동적인 순응과 이해를 가르치는 내용들이기 때문이다. 현대인은 인생, 사랑, 관계, 만남 등 삶과 아주 친숙한 소재들을 가지고 들려주는 솜사탕 같은 이야기에 빠져든다.

그러나 그것은 거기까지에 불과하다. 삶에 아무런 변화가 없다. 목회자의 설교도 고난과 맞서 싸우는 야성의 신앙을 가르치기보다는 상처와 아픔을 어루만져 주는 심리학의 외피를 두른 마사지 설교만 하려고 한다. 그러나 그것 역시 아무런 삶의 변화를 일으키지 못하며 오히려 성도들을 나약하게 만들고 있다. 물론 코로나 비상 상황에서 솜사탕 같은 설교도 몇 번은 할 필요가 있다. 그러나 계속 이런 설교만 하면 안 된다. 더 사람들을 유약하게 만들고 제2의 코로나가 오면 솜사탕 같은 설교도 할 수가 없다.

마음에서 마음으로

미국 퓨리턴 리폼드신학교 설교학 교수인 조엘 비키가 《리폼드 프리칭》이라는 책을 썼는데 우리나라에는 '설교에 관하여'라는 이름으로 번역이 되었다. 설교는 어떻게 해야 하는가? 조엘 비키 교수는 《리폼드 프리칭》이라는 책에서 설교는 '마음에서 마음으로' 전달해야 한다는 것이다. 그 중심에 성령의 역사가 있어야 한다.

이것은 정부 전달이나 솜사탕 같은 차원의 설교가 아니다. 설교자의 진정성이 담긴 설교다. 그 진정성 안에는 하나님의 마음이 있다. 설교는 본문 중심의 설교가 되어야 한다. 본문을 가장 잘 드러내야 한다. 그런데 본문을 드러내는 방식이 정보 전달이나 솜사탕 같은 식으로 하는 것이 아니라 마음에서 마음으로 설교가 이루어지는 것이다.

설교자의 마음에 하나님의 마음이 있어야 한다. 본문을 기록한 저자이신 성령님의 마음이 설교자의 마음 안에 있어야 한다. 그리고 그 마음이 성도들 마음에 전달이 되어야 한다. 그러니까 결국 설교는 지식적이고 심리적, 수사학적인 기법으로 마음을 위무하고 어루만지는 솜사탕 같은 설교가 되어서는 안 된다. 본문에 나타난 하나님의 마음이 설교자의 진정성으로 나타나서 마음에서 마음으로 전달이 되어야 한다.

이러한 설교를 남아공의 스텔른보쉬대학 요한 H. 실리에 교수는 '광대설교'라고 했다. 나는 몇 년 전 그분이 쓴 《하나님의 어릿광대》라는 책을 읽으면서 어렴풋이 '나는 철저하게 광대 목회자요, 광대설교자구나'라는 생각을 갖게 되었다. 나는 생태적으로 광대의 끼를 가지고 태어난 사람이다. 게다가 맨땅, 맨몸, 맨손으로 개척한 사람이기에 어쩔 수 없이 환경적으로 광대 목회를 할 수밖에 없었다.

개척할 때 오신 분들은 대부분 상처와 아픔이 많고 낮은 자존감을 갖고 있어서 위로와 힐링 받기를 원하는 사람들이었다. 나는 그때부터 광대 사역을 하게 된 것이다. 교인 집에 심방을 가도 그들의 아픔을 가슴으로 함께 느끼며 광대적 기도를 해 주었고, 복음을 역설적으로 전하며 반전의 꿈을 심어 주었다. 또한 설교할 때도 이중 시점을 사용하면서 본문의 절정을 극화시키기 위해 중간중간에 찬양을 하고 필요할 때는 대중가요도 개사하여 부를 때도 있었다.

훈장설교와 광대설교

그런데 우리나라 문화 환경에서는 '광대설교'라는 말이 천박하거나 격이 떨어지는 설교라고 생각할 수 있다. 하기는 지금까지 한국교회 설교의 흐름은 서당 선생 같은 설교가 주를 이루었다고 볼 수 있다. 옛날 서당의 훈장은 어떻게 했는가. 위엄이 있고 품격이 있고 고

고함이 있지 않았는가.

과거 한국교회 역시 서당 훈장 같은 설교가 주류를 이루었다. 목사의 고고함으로 고고하신 하나님을 드러낸다고 생각했다. 한 시대에 이런 설교가 필요했다. 하지만 필자가 확신하기는 지금 코로나의 위기로 예배가 몇 달이나 중단되고 반의 반 토막이 나 버린 위기 상황에서는 훈장 같은, 서당 선생 같은 설교로는 회복시키기가 불가능하다고 생각한다. 물론 우리가 성경을 읽거나 본문을 지식적으로 주해하기만 해도 성령이 역사하면 얼마나 좋겠는가.

그러나 설교에는 에토스(ethos, 혼, 진심)가 있어야 하고 설교자의 몸부림이 있어야 한다. 그럴 때 설교자가 전하는 설교가 거룩한 말씀의 퍼포먼스를 이루고 성령의 거룩한 언어의 임재 사건으로 나타나서 청중이 감동을 하고 뒤집어지는 역사가 나타난다. 코로나 이후에 교회 예배 현장에 이런 역사가 나타나야 하는데 서당 선생 같은 품격과 고고함으로만 할 수 있겠는가.

설교는 말씀을 전달하는 것뿐만 아니라 하나님의 말씀의 총체성을 드러내기 위한 행위로서 설교자의 혼, 언어, 몸짓이 다 동원되어야 한다. 그럴 때 청중은 놀라운 반응을 하고 감격을 하고 변화하게 되어 있다. 그런 의미에서 코로나 이후에는 요한 H. 실리에 교수가 제안하는 '광대설교'를 할 필요가 있다고 생각한다.

설교는 크게 갈라디아서를 중심으로 한 수사학적 설교가 있고 고린도전·후서를 중심으로 한 광대설교가 있다. 지금까지 대부분의 설교는 명제적이고 선포적이며 가르치는 설교였다. 그러다 보니까 주제설교, 대지설교, 강해설교가 중심을 이루었다. 최근에 와서 스토리 설교와 내러티브 설교로 발전하였지만, 좀 더 역설적이고 화행적 설교는 '광대설교'다.

광대설교를 하기 위해서는 설교자가 먼저 어리석어야 한다. 당시에 수사학이나 변증학은 아름다운 언어, 논리, 지혜, 웅변 등을 중요시했다. 그런데 예수님과 사도 바울은 전혀 그런 기법을 쓰지 않았다. 완전히 역설적이고 어리석은 이야기를 많이 했다. 예수님의 팔복설교를 보더라도 당시는 힘과 정복을 통해서 땅을 차지하는 것이지 어떻게 온유한 자가 땅을 차지할 수 있는가(마 5:5).

고린도전서 1장에 나타난 바울의 설교 역시 설교자의 바보스러움을 말하는 것이며, 십자가를 선포하는 것 자체가 어리석은 것이고 미련함의 극치였다. 광대가 무엇인가? 광대는 시대의 아픔과 한, 정서를 마음에 담아 말과 음악과 춤 등을 통해서 인생의 희로애락을 전하며 마음을 치유하고 힘과 용기를 주는 존재가 아닌가? 그러므로 광대설교자는 본문 속에 담긴 하나님의 마음과 뜻을 광대적 감성으로 전하는 것이다. 본문이 웃기면 웃기는 것이고, 본문이 슬프면 슬프게 전달하고, 본문이 진지하면 진지하게 설교를 하는 것이다.

그러기 위해서는 설교자가 먼저 자기비하와 자기부인을 해야 한다. 점잖은 모습으로 어떻게 광대설교를 할 수 있는가? 그런데 지금까지 기존의 설교학은 목회자의 고상함과 우아함을 통해서 하나님의 품격과 본문의 메시지를 드러낸다고 생각했다. 그런데 설교가 정형화, 제도화, 화석화되다 보니까 설교자만 드러나고 진정한 하나님의 복음이 드러나지 않는 경향이 나타나기 시작했다. 그러나 광대설교는 때로 설교자가 망가지고 품격이 떨어지더라도 하나님의 마음, 숨겨져 있는 감정이 설교자를 통해서 청중들에게 전달이 되는 것이다.

물론 설교자에겐 전령, 목양자, 스토리텔러 그리고 증인의 이미지와 역할이 있다. 그러나 본문에 담겨 있는 하나님의 마음과 아픔, 사랑과 기쁨을 전달하기 위해서는, 그 본문의 사건과 이야기가 설교자의 감성을 호흡하게 하고 파도치게 해야 한다. 그 호흡과 파도를 통하여 역설적 복음과 하나님의 마음을 전달해 주어야 한다. 그러기 위해서는 설교자가 철저하게 하나님의 광대가 되어야 한다.

광대설교자의 자세

광대설교를 이야기하면 개중에는 비판하는 사람도 있다. 비판의 골자는 설교자와 복음의 격이 떨어질 수 있다는 것이다. 즉 약장수 같은 설교자가 될 수 있다는 것이다. 나는 그런 생각에 백번 동감한다. 왜냐면 광대설교론을 잘못 이해하여 설교자가 청중들에게 엔터테인먼트나 하는 유사 광대 노릇을 할 수 있기 때문이다.

광대설교에 있어서 가장 중요한 것은 첫째, 설교자의 바보스러움과 역설이다. 복음서에 나오는 예수님의 행동과 설교를 봐도 당시 정황에서 보면 바보스럽고 역설적일 때가 있지 않는가? 사도 바울 역시 자신이 십자가의 복음을 전할 때 구경거리(광대)가 되었다고 했다.

고전 4:9-10 내가 생각하건대 하나님이 사도인 우리를 죽이기로 작정된 자 같이 끄트머리에 두셨으매 우리는 세계 곧 천사와 사람에게 구경거리가 되었노라 우리는 그리스도 때문에 어리석으나 너희는 그리스도 안에서 지혜롭고 우리는 약하나 너희는 강하고 너희는 존귀하나 우리는 비천하여

'구경거리'라는 말은 헬라어로 '테아드론'이라고 하는데 이 단어가 오늘날 영어로 연극과 극장을 말하는 시어터(theater)의 어원이다. 그리스에서는 희극과 비극의 연극이 있지 않았는가. 그때 등장하는 사람을 배우 내지는 광대라고 했다. 특별히 테아드론은 연극을 할 때 예고도 없이 무대 위로 뛰어올라와 발칙한 말과 익살맞은 행동으로 극 전체를 헤집어 놓는 바보, 즉 광대를 말한다. 서양에서는 '삐에로'라고 한다.

바울 역시 그리스 연극 문화권에서 자기가 당시에 십자가의 구원 역사를 설교할 때 로마 사람이건, 그리스 사람이건 마치 구경거리, 광대 같은 역할을 했다는 것이다. 그래서 사도 바울은 고린도전서 1장에서부터 십자가의 복음을 전하는 것은 미련한 것이고 복음을 전하는 것 자체가 세상 사람들 보기에는 어리석은 것이라고 정의한다. 그러니까 옛날이나 지금이나 복음 전도자가 복음을 전파하는 것은 세상적으로 볼 때는 어리석고 우스꽝스러운 행위로 보일 수밖에 없다는 것이다. 바로 그런 설교자야말로 하나님의 어릿광대, 즉 테아드론이라는 것이다.

두 번째 중요한 것은 성경 본문과 청중을 향한 애절함과 열정이

다. 억지로 청중을 웃기고 폭소를 자아내려고 하는 쪽으로 치우치면 설교가 개그 콘서트가 되고 말 것이다. 그러나 세상의 가수들도 대중적 소통과 감동을 위하여 청중을 향한 애절한 마음과 예술적 투혼을 발휘하지 않는가. 하물며 설교자는 시대와 소통하고 청중을 감동시키기 위하여 이런 애절함과 열정이 더 있어야 한다. 바로 그 애틋한 열정과 신앙적 투혼으로 이 시대에 하나님의 마음과 아픔, 그리고 어메이징 그레이스를 청중의 가슴에 울렁거리도록 전달해야 한다.

우리 교회에 출석하는 남진 장로님도 계속해서 전성기의 인기를 누리며 수많은 팬들의 사랑을 받을 수 있었던 것은 음악에 대한 열정과 간절함이 있기 때문이다. 가수 조용필, 이선희 씨도 공연을 앞두고는 아무도 만나지 않고 한 노래를 500번, 1,000번을 계속해서 부른다고 한다. 그리고나서 무대에 올라가면 저절로 자기 자신이 음악이 되고 노래가 된다는 것이다. 그러면 관객들이 노래에 담긴 가수의 진정성과 예술혼에 감동하며 홀릭이 되는 것이다.

세 번째는 필요에 따라 설교자의 자기 부인, 자기 비하가 필요하다. 일부러 설교자에게 바보가 되라는 말은 결코 아니다. 복음을 더 잘 드러내고 하나님의 마음을 더 잘 전달하기 위하여 자기 부인이나 비하를 통하여 하나님의 광대가 되자는 것이다.

지금까지의 기존 설교학은 성경 본문 속에서 설교의 씨앗을 찾아내어 신학적 논리로 3대지 설교를 만들어왔다. 그리고 3대지의 메시지를 잘 전달하기 위해 본문과 적절히 연결되는 예화를 사용했다.

그러다가 조금 발전한 설교가 '스토리텔링'이었다. 1980년대 이후에 생겨난 미국의 새로운 교회, 곧 커뮤니티 처치는 대부분이 스토리텔링 설교를 했다. 그러다 보니까 미국의 설교학자 스콧 깁스의 표현대로 교회 공동체성이 상실되고 만 것이다. 그래서 남아공의 스텔렌보쉬대학교 학자들을 중심으로 광대설교 이론이 등장하게 된 것이다.

칼빈대 김덕현 교수에 의하면 설교도 성령 안에서의 거룩한 언어 행위라고 할 수 있는데, 언어학 이론에 의하면 설교의 언어를 세 가지로 나눌 수 있다. 첫째, 단순발화행위다. 수사학으로 말하면 지식적인 로고스, 표면적인 내용, 콘텐츠를 말한다. 둘째, 의미수반발화행위다. 내용의 진정성, 진정한 의미 등을 말한다. 성경으로 말하면 단순발화행위는 문자로 기록된 성경 자체 내용을 전달하고, 의미수반발화행위는 그 본문을 기록한 하나님의 마음과 기록자의 의도를 전달하는 것이다. 이것을 수사학적으로 말하면 에토스가 되는 것이다. 셋째, 효과수반발화행위다. 성령이 임재하고 실제적인 변화가 일어나는 것을 말한다. 소위 말하면 거룩한 설교적 퍼포먼스를 통하여 성도들이 웃거나 울거나, 감격의 춤을 추거나 회개의 눈물을 흘리는 감동과 변화의 역사가 일어나는 것이다. 사도 바울에 의하면 성령의 나타남의 역사라 할 수 있다(고전 2:4).

그런데 이 의미수반발화행위에서 효과수반발화행위로 가는 과정에는 엿장수의 마인드와 이미지, 그 외침과 행위가 드러나야 한다. 이것을 다른 말로 하면 광대 행위라고 할 수 있다. 옛날에 엿장수가 가위질을 하면 동네 아이들이 군침을 삼키며 집에 있는 온갖 폐품

쓰레기를 다 모아서 가져오듯이, 설교자 역시 엿장수 하나님에 대한 이미지와 현현, 형상화를 통해서 엿장수 하나님을 소개하고 메시지를 전함으로써 성도들이 진정한 행복과 자유함을 누리게 하는 것이다. 그럴 때 어떤 결과가 나타나는가?

테아드론 설교의 결과

첫째, 바보스러운 교회가 된다. 지금 한국교회는 설교자의 격이 정형화되고 고품격 콘텐츠의 메시지가 전달되고 있음에도 불구하고, 왜 이렇게 교인들은 똑똑하고 영악해져만 가는가. 왜 그토록 이지적이 되어 가면서 선악의 논리와 윤리적 기준으로만 판단하고 서로 증오하고 다투며 분열하고 있는가. 이것은 엿장수 하나님을 만나지 못하고 진정한 복음의 엿가락을 맛보지 못했기 때문이다. 옛날에 꿀 먹은 벙어리라고 하지 않았는가. 엿 먹은 벙어리나 똑같은 말이다. 진정한 복음의 은혜와 사랑의 엿가락을 맛보게 되면 어리석고 바보스러운 공동체를 이루게 되는 것이다.

우리 교회가 바보스러운 교회가 아니라면 어떻게 16년째 그 많은 비용을 들여가며 참전용사 초청행사를 할 수 있으며, 반기독교 세력으로부터 한국교회 생태계를 지키는 사역과 연합 사역, 언론 미디어 사역을 할 수 있겠는가. 목회자인 나 자신도 어리석고 성도들도 어리석고 교회가 어리석기 때문에 할 수 있는 것이다. 그러나 그 어리석음 안에서 진정한 자유와 평안, 행복과 보람을 누릴 뿐만 아니라 오토텔릭의 헌신과 기쁨을 만끽하고 있는 것이다.

나는 코로나 위기 때의 우리 성도들이 사회적 거리 두기 때문에 교회에 오지를 못하니까 너무나 가슴 아파하고 그리워하는 것을 볼 수 있었다. 온라인으로 예배를 드리는 중에도 담임목사님이 이렇게 힘든 시기에 앞으로 총회장이 되고 한국교회를 섬기려면 얼마나 힘이 들까 걱정하면서 오히려 더 헌신을 하는 것이다. 어떤 성도는 더 바보스럽게 있는 부동산까지 처분해서 헌신을 하였다.

둘째, 역설적인 교회가 된다. 역설적인 교회는 어려울수록 더 희생하고 헌신한다. 핍박이 오면 올수록 경제가 어려워질수록 오히려 더 헌신도가 높아진다. 우리 교회가 구미동 예배당을 지을 때 IMF가 터졌지만 오히려 성도들의 역설적인 헌신이 이어지면서 헌당을 할 수 있었다. 지금도 우리 교회가 역설적인 교회가 아니라면 한국교회 생태계 보호 사역이라든지, 건강한 사회와 민족의 역사를 섬기는 사역 등을 어떻게 할 수 있겠는가.

우리 교회는 코로나 위기가 터지자마자 오히려 더 역설적인 헌신의 행렬이 이어졌다. 그렇게 모인 성도들의 헌신으로 대구·경북지역에 손 소독제를 보내고 마스크를 보내고 개척교회 임대료를 지원하였다. 그뿐만 아니라 우리 교회 주변의 어려운 교회들에게 방역기구와 소독제를 제공하고 임대료를 지원하였다. 담임목사가 광고 한 번 하면 온 성도들이 힘을 모아 헌신하는 모습을 보였다. 앞으로 담임목사의 총회 사역을 위하여 한국교회 생태계 헌금, 한국교회 세움 헌금을 미리 역설적으로 하는 것이다.

셋째, 공공성과 공동체성을 회복하는 교회가 된다. 나도 한때는 개교회 성장주의에 함몰된 적이 있다. 오로지 교회 부흥이 목표였다. 그러나 한국교회 목회 생태계의 중요성을 깨닫고 사상전, 영전의 중요성을 깨달은 후부터는 공교회를 위한 사역에 투신하고 있다. 하늘 광대가 되어 이 시대를 향한 하나님의 애절한 마음을 느끼고 깨달았기 때문이다.

코로나 위기 때는 이런 설교를 더 많이 했다. 그랬을 때 모든 성도들이 담임목사의 공적 사역을 위해서 기도하고 헌신하였다. 새벽기도회, 밤기도회를 할 때도 우리 교회만을 위해서 기도하는 것이 아니라 한국교회 공교회를 위해서 기도하였다. 그리고 개교회주의에서 공적 교회로 나아가기 위해서 기도하고 헌신하였다.

아무튼 광대설교론이란 절대로 엔터테인먼트나 각설이 타령 식의 속화적 설교를 하자는 것이 아니다. 십자가의 복음과 시대를 향한 하나님의 마음을 더 드러내고 시대와 청중을 향해 대중적 소통을 하기 위해서 애절함의 혼을 가지고 때때로 바보스러움과 역설적 자기 비하를 하는 것이다. 그렇다면 진정한 광대설교와 짝퉁 광대설교를 어떻게 구분할 수 있는가? 그것은 간단하다. 청중을 울리건 웃기건 간에 그 목적이 하나님께 유익이 되고 영광이 되며, 동시에 청중의 가슴에 울먹이는 감동을 주기 위함에 있다면 진정한 광대설교라고 할 수 있다.

그러나 설교자의 자기 유익과 인기를 위하여 그렇게 하는 것은 사이비 광대설교요, 짝퉁 광대설교라고 할 수 있다. 우리 새에덴교회는 광대설교를 통하여 철저하게 바보스러운 공동체를 이루어 왔다. 우리 교회가 참전용사 초청행사를 16년째 해 왔다. 더구나 우리 교회 부흥과는 전혀 관계도 없는 한국교회 생태계 보호를 위한 사역을 변함없이 해 왔다. 이런 바보스러운 공동체를 이루지 않았더라면 나는 진작 우리 교회에서 쫓겨나 버리고 말았을 것이다. 성도들의 바보스러움 때문에 우리 교회는 여전히 역설적 공동체를 이루고 있고, 사나 죽으나 전도와 기도, 사명밖에 모르는 젊은 교회로 매주 다시 태어나고 있다. 또한 공공성과 공동체성을 발휘하여 묵묵히 한국교회를 섬기며 나아가고 있다.

코로나 이후에 목회자들은 설교자의 격을 운운하다가 청중에게 전혀 감동을 주지 못하는 고지식한 설교자보다는 복음과 하나님의 사랑으로 시대와 소통하며 청중에게 울먹임과 감동을 주는 진정한 하나님의 광대가 되어야 한다. 설교에 생명력을 더해야 한다. 우리의 설교에 터보 엔진을 달아야 한다. 일반 평지를 갈 때는 중고차 가지고도 얼마든지 갈 수 있다. 그러나 가파른 고바위길을 오르려면 터보 엔진이 아니면 오를 수 없다.

코로나와 같은 비상상황에서 성도들을 신앙의 정상으로 이끌어 가려면 말씀의 생명력이 있어야 한다. 미스터트롯을 보면 똑같은 세상 노래지만 새로운 뉴 포맷으로 하니까 온 국민을 감동시키지 않았는가. 코로나 이후에 새로운 설교로 감동을 일으키자. 성도들이 코로나 이후에 교회를 오고 싶어 안달이 날 정도로 설교에 생명력을 불어 넣자.

4) 가정교회 세우기

　코로나로 인하여 재택근무, 온라인 강의가 활성화되면서 가족이 집에서 함께 지내는 시간이 많아졌다. 그러므로 가정교회를 세우는 사역을 강화해야 한다. 부모와 자녀들이 집에서 오랜 시간을 같이 보내면서 그동안에 보이지 않았던 갈등 요소들이 발생할 수 있다. 또한 온라인 예배를 처음으로 드렸기 때문에 생소한 신앙 환경을 경험할 수 있다.

　앞으로 코로나가 다시 올 수도 있고, 아니 코로나보다 더 심각한 신종 바이러스가 올 수도 있기 때문에 이러한 상황이 올 것을 대비해서 선제적으로 가정교회를 세우는 사역을 구축해야 한다. 이에 대한 대안으로, 가정예배지 제공, 자녀 축복 기도문 제공, 교회학교 프로그램 강화, 가정 세미나(갈등 극복, 관계 개선, 자녀와 소통 및 대화법) 등을 개최하는 것도 필요하다.

　그러나 가정교회가 아무리 건강하게 세워진다 할지라도 그 가정교회는 공동체 교회에 속해야 한다. 그리고 그 가정교회는 공동체 교회에 속하여 반드시 공동체 교회를 세우는 역할을 해야 한다. 사사기를 보면 하나님의 성막 중심이 아니라 지나치게 가정교회 중심으로 하다 보니까 가정에 신당을 만들어놓고 하나님 대신 드라빔을 섬기는 우를 범했지 않았던가. 이런 현상을 막기 위해서 하나님께서는 이스라엘 백성들이 광야 행진을 할 때 아무렇게나 하지 않도록 하셨다. 모든 진을 성막을 중심으로 치라고 했고 광야를 행진할 때도 성막을 중심으로 행진을 하였다. 다음 도표를 참조하라.

이스라엘 정착의 중심점이 된 성막(배치도)

선임 지파		
북 서 ― 동 남	단 ① 62,700명 ② 64,400명	아셀 ① 41,500명 ② 53,400명	납달리 ① 53,400명 ② 45,400명	선임 지파
베냐민 ① 35,400명 ② 45,600명		레위 므라리 자손들 6,200명	성막 문	유다 ① 74,600명 ② 76,500명
므낫세 ① 32,200명 ② 52,700명	레위 게르손 자손들 7,500명	언약궤 **성막**	레위 모세, 아론 자손들 22,273명	잇사갈 ① 54,400명 ② 64,300명
선임 지파 에브라임 ① 40,500명 ② 32,500명		레위 고핫 자손들 8,600명		스불론 ① 57,400명 ② 60,500명
① 1차 인구 조사 (민 1:17–43) 20세 이상 남자만 603,550명	갓 ① 45,650명 ② 40,500명	시므온 ① 59,300명 ② 22,200명	선임 지파 르우벤 ① 46,500명 ② 43,730명	② 2차 인구 조사 (민 26:1–51) 20세 이상 남자만 601,730명

신약의 교회도 마찬가지다. 우리가 가정교회를 건강하게 세우되 그 가정교회는 공동체 교회에 속해야 하고 공동체 교회를 세우는 역할을 해야 한다.

5) 이단 침투 방어와 이단 탈퇴자 교화하기

코로나 사태로 인해 신천지는 치명적인 타격을 받고 와해 위기에 몰렸다. 그러나 신천지를 비롯한 이단들은 코로나 이후에 더 교묘하고 치밀한 전략으로 교회에 침투하려고 할 것이다. 다행스러운 것은 이번 코로나 사태 때 지자체 단체장들을 중심으로 신천지 본부를 치고 들어가거나, 목록 제출을 압박하면서 그들의 정체를 밝히는 데 노력한 것이다. 나는 그분들에 대해 고마운 마음을 갖는다. 아마 21대 국회가 개회되면 국회 차원에서도 진상조사가 있을 것으로 보인다.

또한 검찰에도 고발이 들어가면 차후 조사가 진행되면서 더 실제적인 압박을 가할 수 있을 것으로 보인다. 그렇게 되면 이단 신천지의 실체가 낱낱이 밝혀지게 되고 탈퇴자가 생기게 될 것이다. 골수 이단들은 안 돌아오겠지만, 잠시 현혹되어 이단에 빠졌던 많은 분들이 다시 교회로 돌아올 수 있다.

교회로 돌아온 후에 다시 악한 영에 씌어서 변심을 하여 소동을 벌일지도 모른다. 아니면 아예 위장 탈퇴자 행세를 하며 교묘하게 교회에 침투할 수도 있다. 그러므로 교회는 이단의 침투를 철저하게 방어하면서도, 이단 탈퇴자를 교화할 수 있는 시스템을 구축해야 한다. 중형교회 이상은 이단 전문가를 직접 사역자로 청빙을 하든지, 아니면 속성 과정을 통해서 이단 전문가를 훈련시켜서 배치해야 한다.

신천지의 밝혀진 숫자만 30만이 넘는데 그들이 다 어디에서 신천지로 갔겠는가. 교회를 전혀 알지 못하는 사람들은 넘어가지도 않는다. 다 기성교회에서 미혹하여 데려간 사람들이다. 그러므로 신천지가 와해되고 그들 중에 많은 사람들이 다시 돌아올 것을 미리 대비해야 한다.

3. 포지션 영역에서의 교회 세움 (처치 플랜팅)

교회는 교회 자체로만 존재하지 않는다. 교회는 시대 속에 존재하고 사회 속에 존재하고 세상 속에 존재한다. 특별히 우리나라는 기독교 국가가 아니다. 그러기 때문에 교회가 사회적, 시대적 포지션을 신경 쓰지 않을 수 없다. 그래서 교회가 아무리 믿음의 공동체이고 주님의 몸이라고 하더라도 이미지가 실추되고 브랜드가 추락하게 되면 안 된다. 그래서 교회가 이미지 관리를 안 할 수가 없고 교회도 브랜드를 의식하지 않을 수 없다.

1) 교회의 이미지 메이킹 새롭게 하기

교회는 교리와 복음적 진리에 대해서는 목숨 걸고 지켜야 하지만 시스템이나 행정, 이미지 등은 시대 변화를 간파하며 언제든지 새롭게 창조해 가야 한다. 현대는 이미지의 시대이다. 왜냐하면 이미지는 기업이나 사람에게 있어서 제3의 요인, 제3의 힘이 되고 있기 때문이다. 그리고 이미지가 기업의 브랜드를 높이게 된다. 그래서 아무리 불경기여도 기업의 이미지 광고는 계속한다.

가령, '또 하나의 가족 삼성', '사랑해요 LG', '사람이 먼저다 두산', '소리 없이 세상을 움직인다 포스코', '나는 불꽃이다 한화' 등, 이처럼 기업들은 이미지 메이킹에 주력한다. 실제로 현대인은 물건보다 기업 이미지에 더 관심을 갖는 경향이 많다. 좋은 기업 이미지는 충

성도 높은 소비자를 많이 확보하게 된다. 그러기에 TV 광고에서도 상품을 광고할 때 상품의 이미지를 제일 중시한다.

대통령 선거나 국회의원 선거를 할 때도 완전히 이미지와 감성전쟁이다. 지역구 유권자들이 후보의 인물이나 정책에 대해서 검증하는 경우가 별로 없다. 당의 이미지와 감성적인 스토리를 보고 투표하는 경향이 많다. 한마디로 어떤 원칙이나 정책을 보지 않고 그 당이나 후보의 이미지를 보고 찍는 것이다. 그러므로 교회도 코로나 이후에 이미지 메이킹을 새롭게 해야 한다.

인터넷 시대가 오면서 네티즌들이 생겨났다. 그런데 최근에는 냄비처럼 쉽게 뜨거워지고 쉽게 식어버린다고 하여 '냄비즌'이라고도 한다. 냄비즌일수록 이미지가 한 번 훼손당하면 옳고 그른 것을 떠나서 벌떼처럼 달려들어 공격한다. 요즘은 트위터나 페이스북 같은 SNS를 통해 이미지와 감성의 문화가 더 확장되고 있다. 코로나 이후 디지털 르네상스 시대가 열리면서 이미지의 중요성은 더 확대될 것이다.

그런데 한국교회는 다른 종교에 비해 너무 사회적 소통과 이미지 관리에 소홀했다. 기독교를 '개독교'라 하는 등 말로 다 표현할 수 없는 부정적인 말들이 사이버 상에 난무하고 있다. 그런 나쁜 말과 이미지가 선교에 얼마나 역작용을 하고 있는가. 한 번 잘못된 이미지를 심어주게 되면 하늘이 무너지고 땅이 꺼져도 회심할 가능성이 희박하고 부정적인 이미지를 초극할 수가 없다.

요즘은 막말 논란이 많이 있다. 옛날 같으면 막말이 아닐 수 있다. 그러나 지금은 막말의 옳고 그름을 떠나서 현대인의 정서를 건드려버리면 그 사람은 이미지가 완전히 추락하게 된다. 도저히 회복이 불가능하다. 그런 의미에서 한국교회는 이미지에 관한 한 실추되고 추락해 있다. 그래서 코로나 이후에 우리가 새로운 이미지 메이킹을 할 필요가 있다.

올드 처치에서 뉴 처치의 이미지로 바꾸기

다시 말하면 교회의 옷을 새롭게 갈아입고 단장을 하라는 말이다. 교회의 본질과 속성은 영원히 변하지 않는다. 그러나 시대와 세상에 보여지는 교회 이미지나 모습은 항상 바뀔 수 있다. 요즘 연세 드신 분들도 젊은 사람을 좋아한다. 마찬가지로 교회도 젊은 교회가 되어야 하고 뉴 처치의 모습을 보여주어야 한다.

그러면 올드 처치는 무엇이고 뉴 처치는 무엇인가. 20세기 전의 교회를 올드 처치라고 한다면 21세기형 교회를 뉴 처치라고 한다. 20세기와 21세기는 완전히 다르다. 20세기는 명제적이고 지시적이며 일방적 전달 시대였다. 광고를 하더라도 지시적, 주입식 광고를 했다.

"복통 설사 소화불량에는 아진탈."

그런데 요즘에는 감성적인 이미지 광고로 바뀌었다.

"야근쯤이야 괜찮다, 속 아픈 것쯤이야 괜찮다, 자존심 굽히는 것쯤이야 괜찮다, 아빠니까 괜찮다, 대한민국 아버지를 응원합니다. 우루사~"

설교도 어떤 의미에서 복음을 마케팅하는 것 아닌가? 그런데 요즘 마케팅의 흐름을 보면, 콘텐츠를 큐레이팅하고 파일럿트하는 것이 대세다. 예컨대 이러한 것들이다.

"먼저 판을 깔고 메시지를 은연중에 전달하라. 그러기 위해서 가르치려고 하지 말고, 먼저 유혹의 덕질을 하라.""재미를 깔고 판매는 자연스럽게 하라.""브랜드를 의도적으로 인각시키려고 하지 마라.""이야기 도중에 자연히 상품을 소개하라."

이 모든 것들이 브랜드 콘텐츠를 큐레이팅하고 파일럿트하는 것이다. 그런데 한국교회는 21세기에 와서도 계속해서 올드 패션이고 설교가 명제적이고 선포적이었다. 광고로 비유하면 지시적이고 주입식 이미지를 갖고 있는 것이다. 그러나 지금은 시대가 변했다. 특히 코로나 이후에 더 놀라운 변화들이 일어날 것이다. 이제라도 올드 처치에서 뉴 처치로 바꾸어야 한다.

목사가 가운을 입은 교회는 가운이라도 바꾸거나 아니면 예배 포맷에 따라 양복이나 캐주얼한 복장을 해 보는 것도 하나의 방법이다. 기존 한국교회의 대부분은 단상에 강대상이 있고 그 뒤로 나무들이 세워져 있거나 대형 십자가가 가운데 걸려 있다. 코로나 이후에 교회를 찾아오게 될 성도들에게 무언가 새로운 현장예배를 느끼게 하기 위해서는 현수막, LED, 빔 프로젝트를 활용하여 단상에 새로운 시각적 변화를 줄 필요가 있다.

대중가수 남진, 이선희의 콘서트를 가보면 무대마다 한 편의 영화를 보는 것과 같은 화려한 영상예술을 선보이며 공연의 감흥을 극대화한다. 한국교회도 대형교회들은 강단 전면에 LED를 설치하거나, 대형 빔 프로젝트를 통해서 다양한 영상을 활용하고 있다. 하지만 코로나 이후에는 좀 더 세밀하고 정교한 예술적 영상 이미지를 활용할 필요가 있다. 아니면 강단 뒤에 성도들의 가슴을 적시고 울릴 만한 짧고 선명한 한 문장을 예쁘게 현수막으로 만들어서 걸어두는 것도 좋다. 성도들이 매주 새로운 문장을 보면서 정서를 환기시키고 교회의 따뜻한 위로를 느낄 수 있을 것이다.

교회 내부 인테리어도 당장 바꿀 수는 없지만 밝고 새로운 현수막을 걸거나 사진, 화분, 그림 등을 통하여 새로운 분위기를 연출할 수 있다. 교회 외부도 당장은 건물 구조를 바꿀 수 없지만 새로운 이미지를 보여주어야 한다. 하다못해 안내위원들 옆에 비닐 인형이라도 세워서 새로운 모습을 보여주어야 한다.

무엇보다 중요한 것은 교회의 구조다. 매뉴얼로만 돌리려는 올드 처치로는 안 된다. 무언가 교회가 달라진 모습을 보여야 한다. 구조보다 중요한 것은 사람이다. 똑같은 노래였지만 무명의 젊은 가수들에게 음악적 개조까지 해서 새로운 옷을 입히고, 새로운 조명 아래서 부르게 하니까 전에 없던 21세기형 새 노래가 되었던 것처럼, 우리의 마인드와 자세를 뉴 포맷해야 한다.

제도적 교회에서 창조적 교회로 나아가기

교회는 크게 두 가지 요소가 있다. 본질과 제도다. 교회의 첫 번째 요소는 제도보다 본질이다. 제도는 본질을 서빙하기 위해서 있다. 그런데 본질이 우선시되어 있고 제도가 본질을 섬기는 구조의 교회라면 계속 교회는 무빙하는 교회가 된다. 소위 말하면 창의적이고 창조적인 교회가 된다. 그러나 화석화되고 굳어져서 안주하게 되면 본질보다는 제도가 앞서게 된다. 그러면서 제도적 교회로 굳어간다. 그 결과 기득권 싸움을 하고 충돌하면서 상처 받고 분열한다.

그러나 창의적인 교회는 계속 본질을 향하여 끊임없이 개혁하고 갱신한다. 현재에 머무르지 않고 미래를 향해 도전하고 응전한다. 이번에 코로나 위기는 한국교회가 세워진 지 100년 이후로 최초로 당한 위기다. 제도적인 교회들은 발 빠르게 대응하지 못했다. 그러나 창의적인 교회는 발 빠르게 대응을 한 것이다. 가정예배 매뉴얼을 만들어준다든지 온라인 예배만 한 것이 아니라 온라인 기도회를 한다든지 등의 새로운 길을 열었다.

열악한 환경으로 인해 예배를 드리지 못하는 지역사회의 교회들을 위해 방역기구와 소독제를 후원한다든지, 대면 전도도 할 수 없을 때 유튜브 전도를 하고 온라인 등록 시스템을 구축한다든지 등의 창의적인 사역을 펼쳤다.

이번 코로나 위기는 한국교회가 한 번도 경험하지 못한 위기였다. 그래서 제도적인 교회와 창조적인 교회가 확실하게 구분되었다. 이번 기회에 교회의 전통적인 제도를 그대로 두면서도 창의적인 교회가 되어야 한다는 사실을 깨달았다. 제도적 교회에서 창조적 교회로 나아가기 위해서 무엇을 어떻게 변화시켜 가야 할 것인가 고민해야 할 때이다.

오프라인 교회와 온라인 예배 쌍두마차로 가기

코로나 사태 이후에 온라인 예배가 발 빠르게 정착되어버렸다. 그리고 코로나 사태로 인하여 한국교회 유튜브 생태계 지형이 완전히 바뀌어버렸다. 한 가지 좋은 점이 있다. 기존에 교회 관련 유튜브 상위 링크가 대부분 신천지나 하나님의 교회 등 이단들과 관련된 콘텐츠들이 차지했다고 한다. 유튜브 검색을 하면 거의 다 이단들 영상이었다.

그런데 코로나 사태로 인하여 한국교회들이 유튜브 예배 플랫폼을 구축하면서 상위 링크를 다 덮어버렸다. 한국교회가 유튜브 영상을 물량적으로 쏟아내자 이단들이 밀려나고 물러나버렸다. 한국교회의 온라인 대반격이 시작된 것이다. 물론 온라인 예배에 대해 우려하는 시각들도 많다.

그러나 기존의 한국교회 유튜브 영상예배가 하나의 부수적인 것이었다면 이제는 필수적이 되었다는 것을 인정해야 한다. 과거 한국교회에서 대형교회들을 중심으로 방송설교가 처음 도입되었을 때 예배의 현장성이 무너진다고 우려하며 반대하는 여론들이 많았다. 교회에 와서 예배를 드려야지, TV 영상으로 설교를 보는 게 무슨 예배냐고 하면서 반발했다.

그러나 지금은 방송설교가 한국교회의 외연을 확대하는 예배 콘텐츠로 자리잡았고 교회를 나오지는 않는 일반인들에게도 기독교적 세계관과 가치관을 보여주는 소통의 도구가 되고 있다. 그러므로 한국교회는 현장예배와 유튜브 영상예배를 병행하는 것에 대해서 너무 큰 우려를 할 필요는 없다. 이미 온라인 시대 흐름은 선택이 아니라 필수가 되어버렸다.

현대인들이 코로나로 인하여 바이러스의 위험이 항상 상존한다는 공포감을 보았기 때문에 오프라인 예배와 온라인 예배를 쌍두마차로 이끌어가면서 안정감을 심어주어야 한다. 그래도 우리는 가장 먼저 코로나 기간 동안에 무너져버린 오프라인 교회를 우선적으로 세워야 한다. 동시에 이번 기회를 통해서 온라인 예배 플랫폼도 잘 구축해야 한다.

디지털 시대에 유튜브를 잘 활용하면 전도의 외연도 확장할 수 있다. 코로나 기간에 잃어버린 교회 이탈자들을 다시 교회 안으로 오게 하는 매개체가 될 수 있다. 교회에 한 번도 와 보지 않은 믿지 않는 사람에게도 전도할 수 있다. 코로나 이후에 그들이 교회에 직접 오지는 않더라도 얼마든지 유튜브를 통해서 교회 예배를 드릴 수 있고 간접적으로 참여할 수 있는 기회가 생긴 것이다.

물론 유튜브에 올라오는 목회자들의 설교가 많다. 이미 녹화되어 버린 설교도 중요하지만, 실제로 예배 전 찬양과 경배의 시간부터 축도 시간까지 다 보면서 간접적으로 교회를 가깝게 할 수 있다. 그러다 보면 마음문을 열고 교회로 올 수 있지 않겠는가. 코로나 위기가 끝난 후에 오프라인과 온라인 예배를 쌍두마차처럼 병행하며 끌고 가야 할 것이다. 오프라인 교회가 회복된다 하더라도 교회에 나올 수 없는 환자나 노약자 분들이 예배 실황을 꼭 TV로 보지 않더라도 스마트폰만 있으면 어디서나 유튜브로 볼 수 있게 해야 한다. 그렇게 교회의 이미지가 새롭게 바뀌고 가까워져서 교회로 올 수 있는 계기가 된다.

대면 전도와 온라인 전도 융합하기

코로나가 터지면서 대면 전도가 거의 막혔다. 우리 교회 같은 경우는 코로나가 터졌는데도 바깥에서 거리전도를 하고 축호전도를 다니다가 보건소에 신고를 당하는 일도 있었다. 그만큼 열성적이었다. 그래서 내가 당분간은 대면 전도를 하지 말고 온라인 전도를 하라고 한 적이 있다.

물론 코로나 기간 중에도 마스크를 사 가지고 약국에 줄 서 있는 분들이나 혹은 줄 섰다가 마스크를 사지 못하고 돌아가는 분들에게 마스크를 몇 장씩 선물하면서 현장 전도를 하기도 했다. 선물은 받은 분들이 고마워하면서 코로나가 끝나면 교회를 꼭 찾아오겠다고 약속하는 분들도 있었다.

또한 온라인 등록 제도를 만들어서 전도의 불씨를 꺼뜨리지 않았다. 온라인 등록자들은 가등록자로 분류하여 나중에 교회에 오면 정식 등록을 시키면 된다. 앞으로도 대면 전도와 온라인 전도를 병행해야 할 것으로 보인다.

정치적, 사회적 교회에서 복음적, 목회적 교회로 전환하기

나도 한동안 한국교회의 이미지를 회복시키기 위해 사회적 영역에서 활동을 많이 했다. 한국교회 최초로 6·25 참전용사 초청행사를 하였고 반이슬람, 반동성애, 차별금지법, 종교인과세 문제 등 한국교회 생태계를 위협하는 반기독교 사조와 악법들을 막아내는 데 앞장섰다. 한국교회 이미지를 회복시키기 위한 사회적 활동이었다.

그런데 어느 때부턴가 교회가 너무 이데올로기화되고 정치적 교회가 되어버렸다. 반기독교 세력에 맞서 교회를 지키려고 하는 동기와 목적은 충분히 이해하나, 방법 면에서 일반인들의 상식을 벗어나는 일탈된 행동과 과격한 언어, 여론의 흐름에 반하는 집단행동 등으로 인하여 이미지가 실추되는 현상이 나타났다.

코로나 위기상황에서도 한국교회는 "교회가 정부와 광역시·도가 원하는 수칙을 자발적으로 지킬 테니 예배를 간섭하거나 행정명령을 내리지 말아 달라"고 선제 대응을 해야 했다. 그러나 선제 대응 없이 나중에 정부를 향해 '종교 탄압'이니 '예배 방해'니 하면서 정부와 충돌하는 모습을 보였다. 그런 기사가 나갈 때마다 한국교회를 공격하고 비난하는 댓글이 만 개 이상 달렸다. 이것 또한 한국교회의 이미지를 심각하게 추락시키는 요인으로 작용하였다.

이제 코로나 이후에는 정치적, 사회적 교회에서 복음적, 목회적 교회로 나아가야 한다. 미래학자 피터 드러커는 목회적 대형교회를 강조했다. 대형교회지만 복음의 본질 위에 서서 역사를 섬기고 낮은

소외 계층을 섬기며 시대를 이끌어 가고 사회적 선순환을 일으키는 교회를 말한다. 그럴 때 한국교회의 대사회적 브랜드도 개선되고 위상과 영향력도 강화된다.

새에덴교회에서 한국교회 최초로 참전용사 초청행사를 시작한 것도 한국교회의 대사회적 이미지를 개선하기 위한 미력한 노력이었다. 현대인들은 한국교회를 향하여 질문한다.

"교회가 그렇게 커졌으면 무엇을 하느냐? 우리 사회를 위해서 한 일이 무엇이냐?"

한국교회가 부흥한 만큼 우리 사회를 위해서 어떠한 헌신을 했는지 묻고 있다. 이럴 때 한국교회는 교회 본질 사역뿐만 아니라 역사를 섬기고 아름다운 문화를 창조하는 사역에 힘을 기울여야 한다.

일제강점기 당시 민족계몽과 독립운동을 이끌었던 안창호, 이승훈, 조만식, 남궁억, 유관순 등 선각자들이 다 기독교인들이었다. 특별히 주기철 목사는 끝까지 일제의 정신적 식민정책이었던 신사참배를 끝까지 거부하며 일사각오의 신앙으로 순교까지 했다. 이러한 한국교회의 아름다운 희생의 역사야말로 복음적 영향력이 아니었겠는가.

게다가 박명수 교수의 논문을 보면 해방 이후 기독교는 유사정부의 역할을 했다. 당시 한국정부는 국가의 주요임무인 교육, 의료, 복지, 문화, 예술의 전반적인 분야의 기능을 제대로 감당할 수 없었다. 이때 한국교회는 선교사들의 도움을 받아 학교를 세우고 병원을 설립했다. 그리고 어려운 사람을 돕고 음악과 체육을 진흥시키며 각종 문화 사업을 감당했다. 또한 인간의 자유와 평등의식을 강조하는 기독교적 가치와 세계관이 기초가 된 근대문화가 없이 어찌 오늘의 대한민국이 건국되고 번영될 수 있었겠는가?

그뿐만 아니라 오늘의 대한민국의 경제 발전과 번영에는 경제개발 5개년 계획과 새마을운동이 있었지만, 그 이면에는 한국교회의 눈물의 기도와 영적인 부흥이 있었음을 알아야 한다. 한국교회 성도들은 새벽마다 차디찬 교회 마룻바닥에 뜨거운 눈물을 쏟으며 나라와 민족을 위해 기도했다. 그래서 당시 조국 강산 기도원의 골짜기마다 구국의 기도소리가 메아리쳤다. 이처럼 한국교회는 대한민국의 근대화와 산업화의 영적 진원지가 되었던 것이다. 코로나 이후에 한국교회 안에 건전한 목회적 대형교회들이 많이 배출되어서 복음적인 선한 영향력을 행사하며 사회적 이미지를 점진적으로 변화시켜 나가야 한다.

2) 교회 브랜드 업(up)하기

이미지도 중요하지만 이미지보다 더 중요한 것이 브랜드다. 현대사회는 브랜드 사회다. 소비자들은 상품을 사기 전에 그 상품의 이미지, 회사의 브랜드를 보고 선택한다. 그러므로 코로나 이후에 한국교회가 부흥을 이루기 위해서는 좀 더 대중적이고 현대화된 목회 브랜드를 구축해야 한다. 그런데 교회의 구조와 문화가 화석화되면 새로운 브랜드가 창출되지 않는다.

한국교회는 지금까지 계속해서 언론의 공격을 받아왔다. 그 결과 사회적 브랜드가 매우 실추되어 있다. 어느 기자는 이렇게 종교를 폄훼한 적이 있다. 성당은 직영점과 같고 절은 프랜차이즈와 같고 교회는 자영업과 같다는 것이다. 교회가 자영업이지만 자영업 규모를 뛰어넘어 여러 지교회를 둔 대기업 급의 교회도 있다고 힐난하였다. 아무리 보도와 표현의 자유가 있다고 하지만 어떻게 그렇게 폄훼할 수 있단 말인가.

그만큼 한국교회가 우리 사회에 큰 영향을 끼치지 못하고 오히려 부정적 이미지를 심어주었다는 것을 반증한다. 특별히 교회를 자영업에 비유한 것은 유감스러운 일이다. 기자의 눈에 그렇게 보였다고 치자. 그러면 우리가 이제부터라도 한국교회의 브랜드를 높여야 한다. 그러면 한국교회의 브랜드를 높이기 위하여 무엇을 준비해야 하는가.

예배와 설교의 새로운 포맷하기

코로나 이후에 정형화된 예배, 뻔한 예배를 드려서는 안 된다. 코로나블루(우울함)를 환기시키기 위한 예배 포맷의 다변화를 시도해야 한다. 코로나 사태가 처음 일어났을 때 사람들은 코로나포비아(공포)에 휩싸였다. 그러나 코로나 사태가 장기화되면서 코로나블루(우울함)에 빠지게 되었다. 코로나가 진정된 이후에 현장예배에 돌아오게 된 성도들의 마인드와 정서에도 콜로나블루의 잔상이 남아 있을 것이다. 그러므로 코로나 이후에 예배 포맷의 다변화를 시도하면서 성도들의 정서를 환기시키며 밝고 새로운 분위기를 조성해야 한다.

그러므로 코로나 이전에 했던 기존 예배 포맷 그대로 가는 것보다는 테스트 버전을 실행해볼 필요가 있다. 사실 각 교회의 전통적인 예배 포맷은 워낙 강고하고 성도들에게 각인되어 있기 때문에 새로운 변화를 도모하기가 쉽지 않다. 그렇기 때문에 한 번에 모든 것을 바꾸기보다는 새로운 느낌을 줄 수 있는 테스트 버전 예배 포맷을 준비하여 실행해 보는 것이다.

가령, 1부는 교역자와 중직자들을 위주로 한 깊은 묵상과 말씀이 중심이 되는 예배[로고스(logos) 예배], 2부는 30, 40대 젊은 그룹들이 쉽게 다가올 수 있는 좀 더 슬림한 찬양과 문화 중심의 예배[프레이즈(praise) 예배], 3부는 기존의 포맷을 유지하는 전통 메인 예배, 4부는 청년들을 위한 예배, 5부는 영상 콘텐츠 중심의 예배 등을 실행해 보는 것도 좋다. 기존 예배 포맷에서 크게 벗어나지 않더라도 네이밍(naming)과 콘셉트(concept)만 달리해도 성도들에게 새로운 이미지를 보여줄 수 있다.

또한 찬양팀과 성가대는 뉴 패션(new fashion)을 입어야 한다. 코로나 이후에 찬양팀 의상이나 성가대의 가운을 바꾸는 것만으로도 성도들은 조금은 새로운 느낌을 받을 수 있다. 코로나가 종식되고 생활방역으로 전환되면서 현장예배가 회복되면 단 몇 주만이라도 찬양팀과 성가대는 특별한 기획을 하여 성도들의 가슴을 뜨겁게 하고 축제의 분위기로 만들 필요가 있다(성가대-영상이나 뮤지컬이 가미된 다이나믹한 찬양 등). 한 달에 한두 번이라도, 찬양팀은 기존의 정장 양복이 아닌 캐주얼한 복장으로 찬양을 인도하거나, 성가대는 가운을 벗고 좀 더 새로운 패션을 선보일 필요가 있다.

예배 찬양도 어떻게든지 새롭게 하고 대표기도만 할 것이 아니라 공동기도문을 낭독해 보는 것도 좋다. 장로들의 기도 역시 전통적이고 관습적인 언어를 벗어나 성도들에게 새로움을 줄 수 있는 기도문을 작성할 필요가 있다. 목사의 설교도 기존 포맷 그대로 가지 말고, 새로운 설교 스타일로 가야 한다. 코로나 이후에 예배와 설교를 새롭게 포맷하여 브랜드화해야 한다.

메디컬 처치(medical Church)

코로나 이후의 가장 큰 변화는 국민들의 방역과 의료에 대한 관심일 것이다. 코로나가 끝나도 어느 기간까지는 방역과 의료에 대한 염려증이 남아 있을 가능성이 크다. 그러므로 한국교회는 선제적으로 교회가 보건적으로도 가장 안전한 곳이라는 이미지를 지속적으로 심어줄 필요가 있다. 교회가 최선의 방역을 하는 모습과 의료 시스템을 갖추고 있다는 것을 지속적으로 알리고 홍보해야 한다.

주일에는 의료전문사역자를 세워서 '메디컬 처치'를 운영하는 것도 성도들에게 교회가 보건적으로 안전한 곳이라는 이미지를 심어줄 수 있는 좋은 방법이다. 교회에 따로 공간을 마련하여 '메디컬 처치'라는 표식을 하고 의료전문사역자가 환우들을 위해 응급 진료와 의료 상담, 치유기도를 해 준다면 큰 위로가 될 것이다. 분기별로 각 의료 분야의 전문가들로 구성된 '건강 아카데미'를 개설하여 건강에 관심이 많아진 성도들의 욕구를 충족시켜줄 필요가 있다. 교회 식당도 건강식 위주의 식단으로 운영하는 것을 홍보하며 교회가 성도들의 건강도 책임지고 살핀다는 이미지를 심어주어야 한다.

또한 장기간의 코로나 사태로 인하여 심리적 불안정을 호소하는 사람들을 위해 한시적으로 상담 전문인력으로 구성된 '코로나 상담 센터'를 개설하여 자연스럽게 심리 상담을 받을 수 있는 기회를 제공하는 것이 좋다. 코로나 이후에 교회가 성도들의 영혼과 내면을 치유하기 위하여 관심을 가지고 노력하고 있다는 이미지를 보여줄 수 있다. 이것은 지속적인 운영보다는 코로나 사태가 완전히 종식될 때까지 한시적으로 운영하면 효과적이다.

근시적 마을교회에서 글로벌, 킹덤 처치(Kingdom Church)로 확장하기

지금까지는 대부분 근시적 마을교회를 이루며 지역 중심의 교회만을 생각했다. 그러니까 목회가 케슬 빌더 차원이고 지엽적 영역밖에 안 된다. 코로나 이후에는 글로벌한 킹덤 처치로 가야 한다. 교회가 꼭 커서만 글로벌한 교회가 되는 것이 아니다. 네트워크 교회가 되면 자동으로 글로벌한 교회가 된다. 어느 기자의 말마따나 교회가 자영업이라면 정말 글로벌한 킹덤 처치의 브랜드를 보여주어야 한다.

나심 니콜라스 탈레브라는 사람이 쓴 《블랙 스완》이라는 책을 보면 '평범의 왕국'과 '극단의 왕국'이라는 말이 나온다. 평범의 왕국은 과거의 지식이나 경험, 그리고 지금까지 이룬 성공을 의존하는 세계이다. 그래서 새로운 변화가 없고 확장성이 없다. 반대로 극단의 왕국은 비일상적이며 창조적인 사건들이 지배하는 세계다. 작은 변수 하나가 엄청난 확장성을 일으키는 나비 효과가 발휘되는 세계다. 그러니까 항상 새로운 세계를 향해 모험하고 창조하며 끝없이 영향력의 지경을 확장시켜 나간다.

나 역시 평범의 왕국에 머물지 않고 끊임없이 극단의 왕국을 향해 도전하였다. 한국교회 최초로 한국전 참전용사 초청행사를 시작하자 적지 않은 영향력을 행사할 수 있었다. 먼저는 한일 간의 독도 영유권 논쟁이 촉발되었을 때도 우리 교회의 초청을 받은 참전용사들이 미국에서 독도는 대한민국의 영토라는 사실을 외쳤다. 그리고 미국 백악관을 향하여 독도야말로 대한민국의 영토요, 실효적 지배를 해 왔다는 내용을 적시한 서한을 보내고 항의 방문까지 했다. 그래서 결국 부시 대통령이 한국의 손을 들어주었다.

또한 미국 전역에 있는 보훈병원과 보훈청까지 새에덴교회 소문이 쫙 퍼지게 한 것이다. 미국 보훈병원에는 전 세계 참전용사들이 다 모여 있는데, 다른 나라에서는 고맙다고 인사도 안 하고 잊어버리지만 우리 한국에서만 특별히 우리 교회의 초청을 받고 인서비스(in-service)까지 참석하신 분들이 수천 명이기 때문이다. 그분들이 모이면 새에덴교회 이야기를 한다고 한다. 그러다가 참전용사들이 돌아가실 때까지 가족과 친지와 유가족 분들에게 새에덴교회에 대한 고마움을 표시한다는 것이다. 그래서 이분들이 다 친한파가 되어버렸다. 무슨 문제가 있으면 항상 한국 편을 들어주는 명예대한민국의 대사가 된 것이다.

이러한 글로벌한 영향력이 확장되어서 2019년 2월에 한국교회 목사로서는 최초로 미국 국가조찬기도회 런천 프레이어에서 평화 메시지를 전하게 되었다. 나는 거기서 성경적 평화 메시지에 대한민국 평화를 지혜롭게 적용하고 미국이 우리 남북의 평화를 위해서 반드시 도와주어야 한다는 메시지를 전했다.

그때 나는 백악관에 들어가서 아시아 담당 전문가인 스나이더 특별보좌관을 만나서 1시간 40여 분 동안 남북평화와 한미동맹, 북미 간의 정상회담을 위해 이야기를 하게 되었다. 그때 나의 한미동맹과 남북평화론에 대한 이야기가 상당히 잘 어필이 되고 제대로 전달이 되었다.

또한 미국 전직 국회의원협회 행사에 갔을 때는 낸시 팰로시 하원의장을 만났다. 그분께도 미국이 남북평화를 위해서 반드시 도와주어야 한다고 했다. 그뿐만 아니라 또다시 백악관에 들어가서 대외소통 비서관과 종교연설 담당 비서관을 만나서 한국교회 생태계와 관련하여 해왔던 사역들을 이야기했더니, 그것이 트럼프에까지 보고가 되어 당장 조치가 된 일도 있었다. 그뿐만 아니라 폼페이오 국무장관도 만나서 한미우호증진과 남북평화를 외쳤다.

또한 미 연방의회 의사록(Congressional Record)에 새에덴교회의 참전용사 초청행사가 기록되어 영구히 보존되게 되었다. 코로나 이후에 한국교회는 근시적 마을교회를 벗어나서 글로벌한 킹덤 처치를 지향하며 사역의 영역을 넓혀야 한다.

일반 주변 교회에서 핵심적 중심교회로 진입하기

대부분의 한국교회는 일반 주변 교회로 머무르는 경향이 있다. 남의 교회가 어떻든 내 교회만 무사하면 된다고 생각한다. 이런 교회는 내 목회는 내가 알아서 하면서 문제가 없기를 바라며 다른 교회의 아픔과 고난에는 전혀 관심이 없다. 그러나 코로나 이후에 교회 브랜드를 업(up)하기 위해서는 중심교회가 되어야 한다.

지역에서 어떤 일이 있을 때는 관심을 가지고 중심교회의 리더십을 발휘해야 한다. 연합사역도 뒤로 빠지지 말고 핵심적 중심교회로 리더십을 발휘해야 한다. 앞에서도 이야기했거니와, 무슨 일이 있을 때 교회가 앞장서서 지역사회를 선도하고 영향력을 행사해야 한다.

이번 코로나 때도 우리 교회는 주변 교회에서 도와 달라고 요청하지는 않았지만 전도대원들을 주변 교회마다 방문하게 하여 애로사항이 무엇인지, 어떤 도움을 주면 좋을지 파악하여 방역기구와 손 소독제, 임대료 등을 지원하기도 하였다. 팀 켈러 목사는 《센터 처치》라는 책에서 교회는 변방이 아닌 센터에서 영향력을 발휘해야 시대를 변화시키고 이끌어 갈 수 있다고 주장한다. 이제 일반 주변 교회에서 핵심적 중심 교회로 진입하여 교회의 브랜드를 높여야 한다.

4. 생태계적 차원에서의 교회 세움(처치 플랜팅)

1) 교회 생태계 이해하기

과거에는 교회성장학자들이 사회·과학적 원리를 적용해서 개교회 부흥운동에 집중했다. 그런데 지금은 교회 생태계에 주목하고 있다. 그러면서 개교회 부흥운동보다 네트워크 사역과 네트워크 교회에 관심을 갖는다. 생태계는 일반사회에서도 굉장히 중요하게 여긴다. 환경단체들이 왜 생태계 관리와 복원을 위해 애쓰는가. 세계 각국 정상들이 왜 기후변화협약까지 하며 자연 생태계 복원을 위해 목매고 있는가. 환경·생태계가 파괴되면 우리의 생존이 위협받고 생명 사회가 타격을 받기 때문이다.

그런데 한국교회의 생태계가 급속하게 깨져가고 있다. 왜 그런가. 첫째, 교회 내부의 문제 때문이다. 한국교회는 대한민국의 번영과 발전을 이루는 진원이 됐지만 우리도 모르게 성장주의, 물량주의에 편승해 버렸다. 그래서 신앙의 본질과 복음의 능력을 잃어버리고 교회의 정체성을 상실하면서 내부 파워게임이나 기득권 싸움을 하게 됐다. 바로 그런 갈등과 충돌, 분열하는 모습이 세상에 비춰지면서 사회로부터 비난받기 시작했다. 당연히 받아야 할 비판이고 우리가 먼저 빌미를 준 것도 사실이다.

둘째, 안티 크리스천의 의도적 공격 때문이다. 네오마르크시즘(Neo-Marxism)이 대중화되면서 전 세계적으로 교회를 공격하고 무너뜨리는 움직임이 나타났다. 한국교회로 보면 그 기점은 2007년 아프가니스탄 피랍사건이었다. 사실 아프가니스탄에 구호단을 보낸 교회는 잘못한 것이 전혀 없다. 당연히 할 일, 오히려 칭찬받을 일을 한 것이다. 선교사들이 숭고한 사랑과 희생으로 우리나라에 와서 병원을 짓고 학교를 세우며 인도적인 구호활동을 펼친 것처럼 말이다.

문제는 피랍사건이 터졌을 때, 우리가 대처를 잘못한 것이다. 그 사건 전까지만 해도 안티 세력들은 한국교회를 부분적으로만 공격해왔다. 그런데 그 사건이 터지자 기다렸다는 듯이 떼거리로 달려들어 온갖 조롱과 비난을 쏟기 시작했다. 심지어 안티 세력은 피랍된 사람들이 이슬람 사원에 가서 알라를 저주하고 모독했다고 사진까지 조작·합성해 탈레반 측에 인터넷으로 보냈다.

이때 한국교회는 속수무책으로 당했다. 먼저 파송했던 교회가 적극 나서서 언론 앞에 사과와 해명을 했어야 했다. 도피하고 숨는다고 능사가 아니지 않는가. 더구나 한국교회를 지도하는 그룹에서도 시간이 지나면 잊힐 것이라 생각하고 무대응 혹은 임시방편으로 소극적 대처를 하는 잘못을 범했다. 잊히기는커녕, 오히려 그때부터 '개독교', '똥경', '먹사' 등 교회를 향한 온갖 악의적인 조롱과 비난이 쏟아지기 시작했다.

그 와중에도 한국기독교총연합회(한기총), 한국교회연합(한교연)이 나뉘지고 끊임없이 치킨게임을 했다. 한국교회는 눈앞의 현상이나 교권이라는 파도만 보았지, 시대의 흐름과 트렌드라는 바람을 보지 못한 것이다. 그런데 지금도 반기독교 정서와 세력의 공격이 밀려오고 이단이 저렇게 판을 치는데도 거의 속수무책이다. 두 가지 이유 때문이다. 첫째, 한국교회가 여전히 개교회주의 사상에 안주하고 매몰돼 있기 때문이다. 공교회성과 네트워크 교회론에 대한 의식이 부족한 것이다. 둘째, 연합기관의 분열로 대표성을 상실해 지도력을 발휘하지 못하기 때문이다. 코로나 이후에는 더 급속하게 교회 생태계가 파괴될 가능성이 크다.

이제 한국교회 생태계부터 복원해야 한다. 교회 생태계가 깨지면 미래교회도 깨진다. 교회 생태계가 무너지면 작은 교회도 큰 교회도, 이웃교회도 내 교회도 없다. 그 실례를 영국교회와 북유럽교회가 보여주었고 미국교회가 그 길을 가고 있지 않는가. 지금은 개교회 성장보다 교회 생태계를 복원하는 게 급선무다. 교회 생태계가 복원돼야 미래교회가 존재할 수 있기 때문이다.

2) 공교회 이해하기

종교개혁자 칼빈은 철저하게 교회를 위한 신학을 구축했다. 그는 구약을 주석할 때도 기독론과 교회론을 중심으로 주석을 하였다. 그는 항상 구약 이스라엘 백성들을 언약공동체와 나아가 신약의 교회로 설명하였다. 특별히 이사야서 주석을 보면 더 교회론적으로 주석을 하였다.

그러다가 로마서 주석 서문에서 그는 이렇게 명시하였다.

"나는 공적인 교회의 유익을 위한 열정을 주체할 수 없는 마음(자막)으로 로마서를 주석하였다."

존 칼빈도 교회를 새롭게 개혁할 뿐만 아니라 공교회를 세우며 지켜내는 것이 성경 해석의 주안점이고 신학을 세우는 목적이라고 하였다.

선교신학자 랄프 네이버(Ralph Neighbour Jr.)는 오늘날의 어지간한 대부분의 지역교회 담임목사들은 교회가 성장할수록 자신만의 성을 쌓으려고 한다고 지적하였다. 다시 말하면 많은 목회자들과 교회가 자신만의 성을 쌓는 케슬 빌더(castle builder)가 되려 한다는 것이다. 이러한 차원에서 통전적 교회는 케슬 빌더라기보다는 하나님의 킹덤 빌더(kingdom builder)이다.

미래 한국교회가 새로운 교회 시대를 맞이하려면, 진정 개교회주의를 넘어 지역교회와 연합하고 한국교회 전체가 보편적이고 연합된 하나의 공교회 킹덤 처치를 이루어야 한다. 교회는 개교회로서의 존재 의미도 갖지만 개교회가 연합된 공교회로서의 의미가 더 크다고 할 수 있다.

사도신경의 "거룩한 공회" 이 부분은 영어로 하면 "I believe in catholic church"로 공교회주의를 의미한다. 천주교에서 가톨릭이라는 말을 자기들의 전유물인 것처럼 쓰는데, 사실 개신교에서 더 자주 써야 하는 말이다. 이는 '하나의 연합된 교회요 보편적 공교회'를 의미한다.

천주교에서는 로마 교황을 중심으로 한 보편적 공교회를 가톨릭 교회라고 하지만, 개신교는 예수 그리스도를 머리로 하고 예수님을 주로 고백하는 모든 성도들의 집합체를 공교회요, 보편적이고 연합된 하나의 교회라 한다. 그러므로 그리스도의 교회는 개교회도 중요하지만 공교회가 더 중요하다고 할 수 있다.

그런데 오늘날 한국교회는 큰 문제를 한 가지 갖고 있다. 그것은 바로 지나치게 개교회주의에 빠져 있다는 것이다. 그러다 보니까 내 교회만 잘되면 된다고 생각한다. 물론 개교회가 먼저 잘되어야 한다. 그러나 개교회만이 잘 되는 것은 성경이 디자인하고 있는 진정한 교회의 모습이 아니다. 성경이 디자인하고 있는 교회의 모습은 개교회의 부흥과 더불어 모든 교회가 서로 하나 되어 연합된 공교회를 이루는 것이다. 그러한 공교회 의식을 바탕으로 반기독교적 공격을 함께 방어하고, 교회의 생태계를 회복하며, 복음으로 하나님의 도성을 이루어가는 네트워크를 이루고 궁극적으로 킹덤 처치를 이루어야 한다.

그런데 영국교회는 개교회 목회자들의 개성과 취향에 따라서 클럽화된 교회로 가고 있다. 그래서 더 이상 시대의 사상전, 영전을 하지 못하고 사회적 영향력을 상실했다. 미국교회도 마찬가지다. 미국교회의 변화적 흐름을 보면 1970년대까지는 교단 중심의 전통적 교회가 대부분이었다. 그러나 1980년대부터는 베이비부머(Baby Boomer) 세대를 끌어들이기 위한 커뮤니티 교회가 중심이 되기 시작했다.

2차 세계대전 이후, 미국의 히피족들이 탈가치, 탈종교, 탈규범 등을 외치며 마약과 쾌락, 예술에 심취된 자유로운 일탈을 꿈꾸며 교회를 떠났다. 그런데 이들이 40대가 되어 보니까 그런 쾌락도 한순간이지 다시 영혼의 목마름과 갈증을 느끼게 되었다. 그래서 다시 교회를 찾아오기 시작했는데 그들에게는 교회가 여전히 너무 전통적이었다.

이러한 베이비부머 세대를 포용하기 위하여 미국교회들이 구도자 중심과 문화적 예배를 드리며 공동체 교회를 이루기 시작했다. 그리고 공동체 중심의 교회를 이루며 부흥 코드로 성장을 해 왔다. 그렇게 하다 보니 교단이나 다른 교회와는 별 상관 없는 개교회 중심의 교회가 되었고 대형교회 목회자들 간의 영향력 전쟁이나 스타 플레이를 하는 양상을 보이기도 했다. 한국교회도 이런 현상이 농후하게 되었다.

한국교회도 1980년대 중후반부터 대형교회들을 중심으로 커뮤니티 교회로 전환하기 시작했다. 시대는 변화하는데 교회가 계속 전통적인 카테고리에 갇혀 있으니 베이비부머 세대들이 교회로 들어올 수 없었다. 그래서 그때부터 교회 안에 클래식이 아닌 대중 악기가 들어오고 경배와 찬양, 연극 공연 등 열린 예배 포맷이 들어오고 커뮤니티 교회가 자리잡기 시작했다. 이러한 과정에서 한국교회는 커뮤니티 교회의 한계를 벗어나지 못하고 개교회주의에 빠져 공교회 의식을 잃어버렸다고 하겠다.

미국교회도 커뮤니티 교회가 되면서 자기 영향력 전쟁을 펼치며 스타플레이나 개교회주의에 기초한 별들의 전쟁이 계속되었다. 그러다가 새천년에 와서는 네트워크 교회로 바뀌어 가고 있다. 지금은 2000년대 후반기를 장식했던 윌로우크릭, 새들백, 그리고 레이크우드 교회 등은 이제 과거의 코드이다. 이제는 복음 중심, 교회 중심, 그리고 연결과 연합으로 교회를 세워나가는 네트워크 교회이다.

그런데 아쉬운 것은 공교회적이고 범교단적인 네트워크가 아니라 자기 코드에 맞는 사람끼리 네트워크를 하는 것을 본다. 한국도 그런 현상으로 흘러가고 있다. 과거엔 미국교회가 15년쯤 앞서갔다. 그러나 지금은 7년 혹은 10년 정도 앞서간다. 이처럼 한국교회도 급속하게 변해가고 있다.

1979년	2000년	2030년(or 2035)	
교단 중심의 전통적 교회	커뮤니티 교회	네트워크 교회 (킹덤 처치를 효과적으로 이루기 위해서)	
→(제도적 교회) →율법적 교회 →정치적 교회 →소수적 교회 →(권위적 교회)	(구도자 중심 예배) (문화를 기초한 예배) 신도시 지역형 교회 회중이 참여하는 교회 (개교회 중심의 교회) 부흥 코드의 교회	(처치 플랜터 중심의 교회) 복음적 전제의 교회 (처치 중심의 교회) 네트워크 중심의 교회 (도시형 연합된 교회) 플랜팅 코드의 교회	→ → ? → →

이러한 현대의 교회 트렌드를 따라서 커뮤니티 처치를 벗어나 네트워크 처치를 이루고 킹덤 처치를 이루어야 한다. 그러기 위해서는 목회자가 캐슬 빌더가 아닌 킹덤 빌더가 되고 처치 플랜터가 되어야 한다.

3) 공적 사역의 마인드 갖기

공적 사역의 마인드를 갖기 위해서는 킹덤 빌더의 소양을 갖추어야 한다. 그러면 공적 사역의 마인드를 갖기 위해서는 어떤 자세가 필요한가. 《미래목회 서바이벌》이라는 책에서 언급을 했지만 여기서 조금 더 설명해 보려고 한다.

하나님의 시야와 마음을 가진 사람 - 공교회 의식

> 행 13:22 폐하시고 다윗을 왕으로 세우시고 증언하여 이르시되 내가 이새의 아들 다윗을 만나니 내 마음에 맞는 사람이라 내 뜻을 다 이루리라 하시더니

> 민 14:24 그러나 내 종 갈렙은 그 마음이 그들과 달라서 나를 온전히 따랐은즉 그가 갔던 땅으로 내가 그를 인도하여 들이리니 그의 자손이 그 땅을 차지하리라

하나님은 다윗을 '마음에 합한 자'라고 칭찬하신다. 그것은 다윗이 언제나 하나님의 마음을 헤아리기를 원했으며 주님의 마음을 얻고자 노력했기 때문이다. 그래서 그는 무슨 일을 하든지 하나님의 뜻을 구했고 그분의 마음이 무엇인가를 헤아렸다. 즉 하나님의 시야와 마음을 가진 사람이었다.

신구약을 총망라해서 하나님이 보시기에 가장 위대하고 멋진 남자, 용기 있는 남자가 있다. 그가 바로 다윗 왕이다. 그러면 무엇이 그토록 하나님 보시기에 위대하고 용기 있는 모습이었는가? 바로 그것은 잃어버린 법궤를 찾기 위해 노심초사하는 모습이었다.

그는 사울 왕이 죽고 유다의 왕이 되자마자 제일 먼저 하고 싶었던 것이 하나님의 법궤를 찾는 것이었다. 당시 하나님의 법궤는 모든 이스라엘 백성들에게 잊혀진 상태나 다름없었다. 그때 다윗은 유다의 왕이 되자마자 하나님의 법궤부터 찾으려고 했다. 아니 그는 유다의 왕이 되기 전부터 하나님께 맹세하고 서원을 했던 것 같다.

자신이 왕이 되면 가장 먼저 방치되고 버려져 있는 하나님의 언약궤부터 찾겠다고 말이다. 아무리 왕이 된다 할지라도 언약궤를 찾기까지는 장막에 들어가지도 아니하고 침상에 오르지도 않겠다고 맹세를 했다. 그뿐만 아니라 그는 편안히 눈을 감고 잠도 자지 않겠다고 서원을 하였다.

> 시 132:2-5 그가 여호와께 맹세하며 야곱의 전능자에게 서원하기를 내가 내 장막 집에 들어가지 아니하며 내 침상에 오르지 아니하고 내 눈으로 잠들게 하지 아니하며 내 눈꺼풀로 졸게 하지 아니하기를 여호와의 처소 곧 야곱의 전능자의 성막을 발견하기까지 하리라 하였나이다

얼마나 감동적인 모습인가? 왕이 되었으면 어떻게든지 자신의 정권을 강화시키고 확대시키려고 할 텐데, 다윗의 관심은 오직 언약궤

에 있었다. 당시 하나님의 언약궤에 대해서는 어느 누구도 관심을 갖지 않았다. 블레셋에서 하나님의 언약궤가 돌아와 기럇 여아림에 안치된 지 수많은 세월이 흘렀지만 어느 누구도 법궤를 모셔 오려고 하지 않았다. 사울은 물론 사무엘까지도 관심이 없었다. 그러다 보니까 하나님의 언약궤는 이스라엘 백성들에게 거의 잊혀져 있었다. 이때 다윗이 하나님의 시야와 마음을 가지고 언약궤를 찾기 시작했던 것이다.

오늘날로 이야기하면 잃어버린 교회의 영광성과 거룩성을 회복하고 추락한 교회의 이미지를 회복시켜서 공적 교회를 세우려는 의협심이 있었던 것이다. 다윗은 어린 시절부터 의협심이 남다르게 강했다. 소년 목동 시절에도 사자와 곰의 입에서 양을 지키는 용맹한 모습을 보였다. 다윗이 양을 신실하게 목양하며 목숨을 걸고 지켰던 것은 겉으로는 아버지를 향한 충성심이었지만, 내면적으로는 하나님을 향한 의협심으로 잠재해 있었던 것이다. 그래서 그 양을 지키기 위한 열정과 의협심이 얼마 후에 골리앗과 싸울 때 하나님을 향한 의협심으로 나타나는 것을 볼 수 있지 않는가?

이스라엘의 모든 군사들이 다 골리앗 앞에 두려워하고 있을 때 다윗은 큰 믿음을 가지고 골리앗 앞에 나아갔다. 그때 그는 이렇게 담대하게 외쳤을 것이다.

"저런 할례도 안 받은 놈이 감히 하나님의 군대를 모욕해. 저런 싸가지 없는 녀석 같으니라고. 너는 칼과 창과 단창으로 내게 나오지만 나는 만군의 여호와의 이름으로 네게 나아가노라!"

> **삼상 17:26(하)** 이 할례 받지 않은 블레셋 사람이 누구이기에 살아 계시는 하나님의 군대를 모욕하겠느냐
>
> **삼상 17:45** 다윗이 블레셋 사람에게 이르되 너는 칼과 창과 단창으로 내게 나아 오거니와 나는 만군의 여호와의 이름 곧 네가 모욕하는 이스라엘 군대의 하나님의 이름으로 네게 나아가노라

그때 다윗이 골리앗을 향하여 그 거대한 골리앗을 물맷돌 한 방으로 쓰러뜨려버리고 말았다. 이러한 다윗의 의협심이 왕이 되고 나서도 나타나서 제일 먼저 잃어버린 하나님의 언약궤를 찾아오려고 했던 것이다. 다윗은 무엇보다 하나님의 시야와 마음을 가졌기 때문이다.

오늘날 교회도 마찬가지다. 공적 사역의 마인드를 갖기 위해서는 하나님의 시야와 마음을 가져야 한다. 자기 교회만을 위한 사익적 목회를 하면 안 된다. 하나님의 시야와 공익적 마인드를 가지고 공교회성을 회복하고 하나로 연합하여 킹덤 처치를 세워야 한다. 어려운 개척교회를 돕고 섬기며 함께 세워가야 한다. 모든 교회가 주님의 지체이며 공교회이기 때문이다. 그러므로 하나님의 시야와 마음을 가진 사람으로 훈련하고 세워야 한다.

그러기 위해서는 담임목사가 먼저 모범을 보여야 한다. 하나님의 시야로 보고 하나님의 관점으로 파악하며 판단하는 것을 보여주어야 한다. 그리고 담임목사가 공교회 의식을 갖고 교인들에게 가르치

고 실천하도록 해야 한다. 우리 교회만이 교회가 아니다. 여유가 있고 성령의 감동이 오면 주변의 개척교회도 후원하고 섬길 수 있어야 한다. 그뿐만 아니라 목사는 하나님의 시야로 시대를 바라보고 성경적 기준으로 해석해 주어야 한다. 성도들에게 내 교회를 넘어 공교회를 섬기는 공적 마인드를 갖도록 해야 한다.

네트워크와 연합된 마음을 가진 사람(네트워크 교회를 이룸)

> **엡 4:1-6** 그러므로 주 안에서 갇힌 내가 너희를 권하노니 너희가 부르심을 받은 일에 합당하게 행하여 모든 겸손과 온유로 하고 오래 참음으로 사랑 가운데서 서로 용납하고 평안의 매는 줄로 성령이 하나 되게 하신 것을 힘써 지키라 몸이 하나요 성령도 한 분이시니 이와 같이 너희가 부르심의 한 소망 안에서 부르심을 받았느니라 주도 한 분이시요 믿음도 하나요 세례도 하나요 하나님도 한 분이시니 곧 만유의 아버지시라 만유 위에 계시고 만유를 통일하시고 만유 가운데 계시도다

사도 바울은 무엇보다 네트워킹, 곧 그리스도 안에서 네트워킹 연결의 중요성을 강조했다. 무엇보다 주 안에서 겸손과 온유로 오래 참고 사랑 가운데서 하나 되라고 강조한다. 주도 한 분이요, 믿음도 하나요, 세례도 하나요, 하나님도 한 분이시기에 주님의 몸 된 교회의 지체 된 성도들은 온전히 하나를 이루어야 한다는 것이다.

그런데 한국교회는 그동안 연합운동을 한다고 했지만 이념이나

코드가 맞는 사람들끼리만 연합했다. 그래서 계속 분열할 수밖에 없었다. 교회도 끼리끼리 유유상종하며 서로 연결하지 못했다. 그러니까 무슨 문제가 있으면 자기 코드와 성향에 맞는 사람끼리 뭉쳐서 파벌을 쌓고 기득권 다툼을 하는 것이다. 그래서 연합보다 중요한 것이 연결이다. 마음과 마음, 믿음과 믿음이 서로 연결될 때 진정한 연합운동이 일어난다.

정말 공적 사역을 하려면 이제는 연결의식이 있어야 한다. 신앙으로, 믿음으로, 마음으로, 사역으로 연결을 이루어야 한다. 이런 진정한 영적 네트워킹이 될 때 연합을 할 수 있다. 교회들끼리도 서로 연결하고 연합해야 한다. 그래야 분열되지 않고 연합하여 공적 사역을 할 수 있다. 그럴 때 코로나의 위기를 넘어서 다시 재도약할 수 있다.

반기독교적 흐름을 막고 교회 생태계를 지키기 위해 헌신할 수 있는 사람

> **엡 2:20-22** 너희는 사도들과 선지자들의 터 위에 세우심을 입은 자라 그리스도 예수께서 친히 모퉁잇돌이 되셨느니라 그의 안에서 건물마다 서로 연결하여 주 안에서 성전이 되어 가고 너희도 성령 안에서 하나님이 거하실 처소가 되기 위하여 그리스도 예수 안에서 함께 지어져 가느니라

> **벧전 5:8** 근신하라 깨어라 너희 대적 마귀가 우는 사자 같이 두루 다니며 삼킬 자를 찾나니

코로나 이후에 반기독교적 시대 흐름은 더 거세질 것이다. 그러므로 한국교회는 공적 사역의 마인드를 가지고 교회 생태계를 지키기 위해 헌신할 수 있어야 한다. 특히 총선에서 압승을 거둔 진보세력을 중심으로 해서 한국교회 생태계를 파괴하는 악법들이 추진될 가능성이 많다. 영국교회도 사상전에서 졌고, 입법화 전쟁에서 졌기 때문에 크리스천이 전 국민의 2%로까지 쇠퇴해버렸다. 그러므로 한국교회도 잠들지 않고 깨어서 대비해야 한다.

영국의 윌리엄스 변호사가 한국을 방문하였을 때 "영국교회가 동성애 문제에 힘을 모아 대처하지 못해 무너지고 말았다"며 "한국교회는 절대로 비극적 전철을 밟지 말라"고 눈물로 호소하지 않았는가. 그러면서 "당시 영국의 목회자들이 영혼을 구원하는 목회를 한다고 했지만 자기 취향에 맞는 개교회 목회에만 도취됐다"고 했다. 그녀의 표현에 따르면 교회가 목회자의 개성과 취향에만 맞춘 클럽 교회화되었다는 것이다.

4·15 총선의 교훈

한국교회는 보수적인 성경의 가치와 기독교 진리를 지키기 위해서 어쩔 수 없이 보수적 마인드가 되었다. 그러다 보니까 주로 보수정당, 우파정당과 네트워킹을 하게 되었다. 그리고 지나치게 보수우파의 극우적인 정치집회를 하다 너무 큰 정치적 리스크를 갖게 되었다. 그 결과 4·15총선에서 기독교 정당은 한 명도 의원을 배출하지 못하고 보수우파 정당도 참패하는 결과를 낳았다.

우리가 추구하고 목표한 것을 전혀 이루지 못했다. 코로나 이후에는 절대로 그렇게 가면 안 된다. 그런 올드한 방식으로는 절대로 교회 생태계를 지킬 수 없다. 훗날 둑도 다 무너지고 방주를 건조해서 우리의 신앙만 지켜야 하는 때가 올지도 모른다. 지금까지 한국교회가 조선의 역사로 말하면 김상헌의 역할을 하였다면 이제는 최명길의 역할을 해야 한다. 총선의 결과를 보면 김상헌의 역할은 끝났다.

물론 김상헌의 주장도 할 수 있지만 최명길의 목소리를 내는 사람도 필요하다. 다시 말하면 진보정당과 맞서려고만 하지 말고 차별금지법 통과를 막고 독소조항을 빼내기 위해서 진보 정치인들과도 전략적으로 소통하고 설득해야 한다는 것이다. 나는 종교인과세 시행령이나 차별금지법을 막기 위해서 정부 여당뿐만 아니라 진보 정치인들과 소통을 했다. 그랬더니 좌파라고 공격을 받기도 하였다.

김상헌도 위대한 애국자였다. 그러나 그의 애국심은 나라를 지키지 못했다. 반면에 최명길은 왕을 보호하고 백성을 살리고 조선의 역사를 이어가게 하기 위해서 주화파 주장을 한 것이다. 최명길이 청태종에게 항복 문서를 직접 쓰니까 김상헌이 찢어버렸다. 그러나 찢는 자도 있지만, 다시 쓰는 자도 있어야 한다. 최명길은 다시 항복 문서를 써 가지고 청나라 청태종을 만나러 간다.

훗날 김상헌은 자살을 기도하다 실패하고 쓸쓸히 죽는다. 그런데 최명길은 조정을 지키고 백성을 살렸다. 최명길이라고 왜 자존심이 없었겠는가. 그리고 그가 무슨 공을 바라고 했겠는가. 그는 오히려 나중에 청나라에 끌려가 심양의 감옥에 갇혀서 일생을 비참하게 마쳤다. 그는 간신 소리를 들으면서도 조정을 살리고 백성을 살리고 조선의 역사를 이어가게 한 것이다.

예레미야 시대에도 거짓 선지자들은 이스라엘은 절대로 망하지 않는다고 하면서 애굽에 붙고 바벨론에 대항해야 한다고 했다. 죽기를 각오하고 싸워야 한다고 했다. 예수님 당시 열심당원도 그랬다. 그런데 예레미야는 바벨론과 소통하고 심지어 투항해야 한다고 했다. 그것이 사는 길이라고 말이다. 그랬을 때 얼마나 많은 사람들에게 빈축을 사고 경멸과 조롱을 당했는가. 심지어 감옥까지 갔다.

그래서 예레미야도 화가 나서 일부 거짓 선지자들의 말을 듣고 애굽으로 갔다. 전승에 의하면 예레미야가 그들을 살리기 위해 결국 돌에 맞아 죽었다고 하지 않는가. 그런 의미에서 앞으로 한국교회는 최명길 같은 역할을 하는 지도자도 있어야 한다. 아니, 한국교회는 보수와 진보를 다 아우르는 대한민국의 어머니가 되어야 한다. 개헌이 된다 하더라도 양성평등의 법을 지켜내고 사회주의로 가는 법을 막아야 한다. 이 일에 헌신할 수 있는 성도들을 만들어야 한다.

미디어 선교, 문화선교의 의식이 있는 사람

창 1:26-28 하나님이 이르시되 우리의 형상을 따라 우리의 모양대로 우리가 사람을 만들고 그들로 바다의 물고기와 하늘의 새와 가축과 온 땅과 땅에 기는 모든 것을 다스리게 하자 하시고 하나님이 자기 형상 곧 하나님의 형상대로 사람을 창조하시되 남자와 여자를 창조하시고 하나님이 그들에게 복을 주시며 하나님이 그들에게 이르시되 생육하고 번성하여 땅에 충만하라, 땅을 정복하라, 바다의 물고기와 하늘의 새와 땅에 움직이는 모든 생물을 다스리라 하시니라

롬 12:2 너희는 이 세대를 본받지 말고 오직 마음을 새롭게 함으로 변화를 받아 하나님의 선하시고 기뻐하시고 온전하신 뜻이 무엇인지 분별하도록 하라

하나님께서는 우리에게 생육하고 번성하여 땅에 충만하고 정복하라고 말씀하신다. 일종의 문화명령이다. 그런데 현대문화를 보면 완전히 하나님 도성의 문화가 아닌 사탄의 문화요, 배도의 문화임을 알 수 있다. 코로나 이후에 이러한 흐름은 더 확대되고 급속화할 것이다.

사도 바울은 이러한 시대 흐름을 내다보고 이 세대를 본받지 말고 오직 마음을 새롭게 하며 변화를 받아 하나님의 선하시고 기뻐하시고 온전하신 뜻을 이루라고 말씀한다. 코로나 이전부터 전 세계적으로 얼마나 많은 반기독교적인 정서와 흐름이 쓰나미처럼 몰려오고 있는가. 특히 한국교회는 더더욱 그렇다. 이슬람, 동성애, 종교인과세 등 목회 생태계를 파괴하려는 시도들이 끊임없이 지속되고 있다.

과거 공산주의가 피를 통한 유혈 혁명을 꿈꿨다면 네오막시즘은 문화를 통한 혁명을 꿈꾼다. 그만큼 문화는 중요하다. 한국교회는

반기독교 세력들과 보이지 않는 사상전, 문화전쟁을 하고 있다. 그런데 코로나 이후에는 더욱더 미디어와 문화를 활용하는 선교전략이 중요하게 될 것이다.

문화 미디어 전쟁

나는 미디어 선교와 문화 선교의 중요성을 깨닫고 수년 전부터 대중 언론의 기자들과 끊임없이 소통해왔고 그들을 섬겼다. 성지순례, 유럽 종교개혁지 탐방, 아프리카 선교지 탐방, 미국 언더우드 아펜젤러 유적지 탐방 등을 후원했으며, 그들 마음의 문을 열려고 노력하였다. 결국 기자들도 서서히 마음 문을 열었고, 신문에 교회에 대한 좋은 이미지의 글을 실어주고, 아름다운 교회의 모습을 소개하기도 하였다.

또한 공중파 방송에서 기독교 관련 프로그램을 제작하거나 승인받는 것이 도저히 불가능할 때에, 모든 재정을 다 지원할 테니 걱정하지 말고 주기철 다큐멘터리를 제작하라고 KBS 방송국 PD에게 이야기를 하였다. 그래서 결국 주기철 다큐멘터리가 방영되었고 포털 사이트 검색어에 주기철 목사가 1위에 오를 정도로 큰 반향을 일으켰다. 그리고 영화로까지 제작하여 전국 영화관에서 상영하였다.

그러자 공중파 방송국에서 개신교와 관련된 프로그램도 시청률이 오르고 반향이 있구나 하는 의식전환을 하게 되었다. 그 후로 "다시 코리아로, 그들의 마지막 귀환"이라는 제목으로 방영되었다.

그뿐만 아니라 "밀림의 크리스마스", 윤동주 탄생 100주년을 맞아

3·1절 특집 다큐 "시인과 독립운동"을 방영하게 하였고 성탄절을 맞아 "발굴추적 예수"라는 성탄 특집 다큐멘터리가 공중파 방송에서 방영되게 하였다. 2018년에는 3·1절 특집 다큐멘터리, "이방인과 3·1 운동"이라는 프로그램을 촬영 제작하여 KBS 방송을 통해서 우리 민족의 독립운동에 기여한 선교사들의 헌신과 한국교회 성도들의 애국애민의 정신을 알리는 데 기여하였다. 그리고 독립운동에 기여한 손정도 목사 다큐를 후원하였다.

이러한 노력들을 통하여 공중파 방송을 통한 미디어 선교의 새길을 개척하였고, 다큐멘터리가 방영될 때마다 최소 500만 명 이상이 시청을 하면서 큰 사회적 반향과 영향력을 일으켰다. 코로나 이후에 문화 미디어의 중요성은 더 커질 것이다.

그런데 한국교회가 너무 극우적 정치집회를 하는 모습이 미디어에 많이 노출되었다. 이것이 처음에는 순기능 역할을 하는 면도 있었지만 나중에는 수많은 유튜브나 미디어를 통해서 혐오세력으로 몰려버렸다. 나는 그분들을 신앙적인 면에서는 존중한다. 그러나 지금은 그런 시대가 아니다. 국민 정서를 찌푸리게 하면 안 된다. 4·15 총선을 보면 결국 막말 프레임에 갇힌 보수정당이 완패를 하지 않았는가. 그 막말이 팩트상으로 볼 때 전혀 일리가 없는 것은 아니지만, 그런데 국민들의 정서를 거스르게 하고 인상을 찌푸리게 한 것이다. 하물며 교회의 기능이 무엇인가.

교회의 대사회적 기능

흔히 교회는 기도만 하고 예배만 드리고 복음만 전하는 곳으로 이해하고 있다. 그러나 교회도 시대와 사회 속에 존재하기 때문에 사회적 기능이 있다.

첫째, 사회 비판적 기능이 있다. 시대와 사회가 잘못된 방향으로 가면 교회는 선지자적 마인드로 잘못됐다고 강렬하게 외쳐야 한다.

둘째, 사회 반영적 기능이 있다. 교회도 사람이 모인 곳이기 때문에 부패하거나 잘못된 길로 갈 수 있다. 시대와 사회가 교회의 각성을 위해 비판하고 공격할 때 스스로 반성하고 자성해야 한다.

셋째, 합리적 소통을 통한 참여적 기능이 있다. 한마디로 사회가 서로 충돌하고 갈등이 발생할 때 교회는 합리적 소통을 통해 참여하며 해결의 접촉점을 찾아야 한다.

교회는 대통령 권력기관 사회·문화 분야가 잘못된 길로 가면 먼저 합리적 대화로 풀어야 한다. 또 영적·사상적 리더십을 발휘해 창조적 공통분모를 찾아 원윈하게 만들어야 한다. 교회가 주도하여 늘 광장으로만 나가면 합리적 대화는 불가능하다. 합리적 대화와 소통, 효과적인 설득을 하는 것이 먼저이고 최후의 극단적인 상황에서만 광장으로 나가야 한다.

그런 의미에서 우리 한국교회가 연합해야 하고 그 연합체가 배출하고 만든 교계 지도자들이 정부와 정치권, 사회 각계 지도층과 대화하고 소통함으로써 우리 사회의 갈등을 최소화시켜야 한다.

너무 자주 교회가 광장으로 나가 버리고 정치적인 옷을 입어버리면 일부는 찬성할지 모르지만 더 많은 사람들이 기독교와 교회를 혐오세력으로 간주할 것이다. 나는 일찍이 신앙과 이념이 잘못 만나면 안 된다고 수차례 이야기를 했다. 이념은 신앙 아래 있어야 한다. 이념이 신앙을 우선하면 안 된다. 교회 이름으로 이념적인 유튜브를 만들어서 정치적 발언들을 쏟아내니까 오히려 더 많은 미디어의 공격을 받아버렸다. 이것이 총선 결과로 나타난 것이다.

앞으로 유튜브를 통하여 미디어 선교를 한다 하더라도 진짜 정치적이고 부정적으로 누구를 공격하는 것은 하지 말아야 한다. 사람을 세우고 칭찬하며 미래의 대안을 제시하는 유튜브를 해야 한다. 이처럼 우리 성도들을 미디어 선교, 문화선교의 의식이 있는 사람으로 훈련하며 세워야 한다.

4) 교회와 국가의 관계

세계적인 역사학자이자 히브리 대학의 역사학 교수인 유발 하라리는 코로나 이후에 정부의 권력이 더 강화될 것이라고 예견하였다. 실제로 우리나라뿐만 아니라 모든 세계가 그렇게 가고 있지 않는가. 그러나 교회는 국가의 지배를 받지 않도록 해야 한다. 그런 의미에서 한국교회는 코로나 위기 때 선제적 대응을 함으로써 국가의 간섭을 받지 않도록 했어야 했다. 그러나 아쉽게도 선제적 대응을 하지 못함으로써 국가가 교회의 예배를 제재하고 간섭하는 빌미를 제공하였다. 그러나 결코 이것은 국가나 교회를 위해서도 바람직한 방향이 아니다.

종교개혁자 칼빈에 의하면 교회는 국가와 통치자의 권위를 인정하고 그들을 위해 기도할 뿐만 아니라 통치 행위에 협력해야 한다고 했다. 그리고 국가와 통치자는 교회를 보호하고 신앙생활을 잘하도록 도와주어야 한다고 했다. 그 이후 아브라함 카이퍼는 영역주권사상을 주장했다. 그에 의하면 국가와 교회 간에는 서로 영역들이 침범할 수 없는 고유의 신분과 주권이 있다는 것이다.

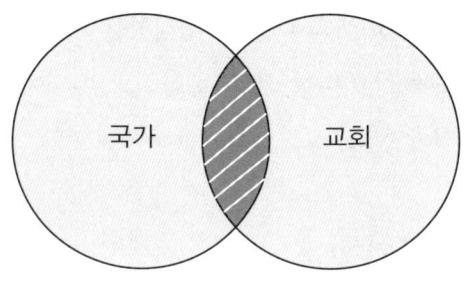

그러므로 정부는 교회의 고유영역을 침범하거나 억압하지 말고 오히려 교회의 역할을 원활하게 펼칠 수 있도록 교회 생태계를 보호해 주어야 한다. 기독교가 우리나라의 국교가 되지 않은 이상은 이런 관계를 가져야 한다.

그런데 이번 코로나 위기 때 우리도 모르게 교회가 자꾸 국가의 간섭을 받고 지배를 받는 듯한 좋지 않은 모양새를 보였다. 나는 코로나 사태가 일어나자마자 선제적 대응을 하자고 했다. 그러나 나는 교단의 총회장도 아니고 연합기관의 대표회장도 아니었기 때문에 내 의견이 받아들여지지 않았다. 우리 교회가 위치한 경기도에서는 열심히 도지사와 소통하며 선제적 대응을 하려고 노력했다. 일부 사실과 다른 잘못된 기사가 한두 개 나간 적은 있지만, 선제적 대응을 하면서 국가적 간섭을 받지 않도록 방지했다.

그러나 코로나 사태로 인하여 국가가 감염 방지를 빌미로 교회를 제재하고 간섭하는 좋지 않은 길을 열어놓았다. 한국교회가 아예 처음부터 선제적 대응을 하여 국가가 간섭하려는 빌미를 주지 않았어야 하는데, 뒤늦게 예배 강행이라는 말이 나오니까 정부도 행정조치를 취하게 되었다.

이러한 한국교회의 모습은 국민 정서상 굉장히 부정적 이미지로 보이게 했다. 집단감염사태를 예방하기 위해서 예배는 축소하되, 결코 현장예배를 포기할 수는 없고 대신 온라인 예배를 병행한다고 했더라면 좋았는데 한국교회 사령탑이 선제적 대응을 하지 못한 것이다. 그런 의미에서 코로나 이후에 한국교회 연합기관이 하나가 되어야 하고 그 연합기관이 대사회적 대정치적 리더십을 발휘해야 한다. 특별히 연합기관에 '위기대응위원회'를 조직해서 앞으로 어떤 사태가 일어날 때마다 선제적 대응을 해야 한다.

2020년 4·15총선에서 진보세력이 압도적으로 앞서버렸기에 아무래도 평등을 지향하는 시민사회주의나 사회민주주의의 드라이브를 걸 확률이 많다. 그때 한국교회는 정치적 반대집회만 할 것이 아니라 이제는 소통하고 설득하는 노력도 해야 한다. 동시에 사회복음을 전해야 한다.

지금까지 보수주의 교회는 개인구원 복음만 전했다. 당연히 우리는 한 개인이 영혼 구원을 위해서 복음을 전해야 한다. 그러나 이제는 사회복음을 전할 때가 되었다. 옛날에는 사회복음을 전하자고 하면 신복음주의자라고 했다. 이것은 신복음주의 차원에서 하는 것이 아니다. 개인의 영혼을 구원하기 위하여 복음을 전하지만, 그러나 교회는 나 홀로 존재하는 것이 아니라 사회적 공적 교회로서 존재한다.

앞으로 코로나 사태처럼 정부나 지자체로부터 행정명령을 받는 경우가 없도록 해야 한다. 한국교회가 선제적으로 대응하지 못하여 국가가 교회에 개입하는 빌미를 줘버렸다. 우리가 사회적 공적교회가 되어서 힘을 모아 이런 일이 없도록 해야 한다.

5. 다음 세대 차원에서의 교회 세움(처치 플랜팅)

우리가 아무리 코로나 이후의 대비를 잘해도 다음세대가 없으면 안 된다. 대부분 기독교 역사를 보면 선교지향적이었다. 그래서 200-300년 쓰임 받다가 촛대가 옮겨져서 믿음을 자손 대대로 물려주지 못하는 비극의 역사를 반복했다. 그러나 유대인들은 지상명령인 선교보다 믿음을 자손 대대로 물려주는 것에 중요성을 두었다. 그래서 지금까지 그들의 민족의 정체성과 신앙을 잃지 않고 있다.

한국교회가 1970-80년에 급속하게 부흥할 수 있었던 것은 1950-60년대 주일학교 부흥기가 있었기 때문이다. 1960년대만 되더라도 시골뿐만 아니라 교회에 어른 숫자보다 어린이 숫자가 훨씬 더 많았다. 그때 어린아이들이 자라서 어른이 되어 70-80년대 한국교회 부흥기의 주역들이 된 것이다.

하지만 지금은 교회에 가면 어린이 숫자보다 어른 숫자가 훨씬 많다. 1970년대 말만 해도 여름성경학교를 한다고 하면 어린이들이 구름 떼처럼 몰려왔는데, 지금은 아무리 교회에서 행사를 해도 아이들이 오지 않는다. 그래서 장년이 수천 명 모이는데 주일학생은 몇 백 명이 모이고, 장년이 수만 명이 모이는데 주일학생이 고작 천여 명이 모이는 곳이 많다. 보통 심각한 문제가 아니다. 한국교회는 지금 주일학교 학생들이 급격하게 감소하면서 심각한 가분수 현상을 이루고 있다.

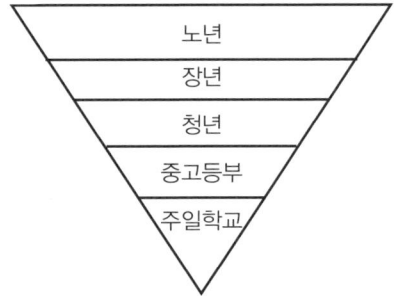

우리 교회 주일학교 출석이 우리나라에서 서너 번째 되리라고 보는데, 언제부턴가 주일학교 학생수가 조금씩 줄어드는 것이다. 그래서 알아보았더니 인구 출산율이 낮아지면서 영아부, 유아부 숫자가 많이 줄었다는 것이다. 그래서 우리 교회도 주일학교를 세우기 위한 총비상 전략을 세우고 있다. 다음세대가 없으면 어떻게 되겠는가. 한국교회는 완전히 유령화되고 유럽처럼 될 것이다. 다음세대를 향한 관심과 노력을 깨우쳐 준 것 역시 코로나가 준 교훈이다.

1) 신앙의 유산으로서의 다음 세대

사사기 2장 7-10절까지를 보면 이런 말씀이 나와 있다.

> **삿 2:7-10** 백성이 여호수아가 사는 날 동안과 여호수아 뒤에 생존한 장로들 곧 여호와께서 이스라엘을 위하여 행하신 모든 큰 일을 본 자들이 사는 날 동안에 여호와를 섬겼더라 여호와의 종 눈의 아들 여호수아가 백십 세에 죽으매 무리가 그의 기업의 경내 에브라임 산지 가아스 산 북쪽 딤낫 헤레스에 장사하였고 그 세대의 사람도 다 그 조상들에게로 돌아갔고 그 후에 일어난 다른 세대는 여호와를 알지 못하며 여호와께서 이스라엘을 위하여 행하신 일도 알지 못하였더라

여호수아가 살았던 때에는 하나님을 잘 섬겼지만 여호수아와 장로들이 죽은 다음에는 하나님을 잘 섬기지 못하고 바알과 아스다롯 신에게 돌아가 버렸다는 것이다. 이것은 이스라엘 백성들이 신앙의 유산을 잘 물려주지 못했기 때문이다. 여호수아의 사는 날 동안 온 백성이 하나님을 잘 섬겼고 여호수아가 죽은 다음에는 대부분의 백성들이 하나님을 등졌다고 하는데 이것은 여호수아를 칭찬하는 말

씀일까, 책망하는 말씀일까.

언뜻 보면 여호수아가 믿음 생활을 잘하고 신앙생활을 잘했기 때문에 그 시대 사람들이 하나님을 잘 섬겼다고 생각될 수 있다. 그래서 이 말씀을 여호수아를 칭찬하고 높여주는 말씀으로 보일 수 있다. 그러나 우리는 그렇게 보아서는 안 된다. 여호수아와 장로들이 자기 시대에만 신앙생활을 잘했지 자손들에게 믿음을 전수시켜 주지 못했기 때문이라고 보아야 한다.

그러기 때문에 이 말씀은 여호수아를 칭찬하는 것이 아니라 책망하고 견책하는 것이라고 생각해야 한다. 아무리 여호수아와 장로들이 그 자녀들에게 젖과 꿀이 흐르는 가나안 땅을 물려주었다고 해도 신앙의 유산을 전수시켜 주지 못하니까 그들은 결국 가나안 땅의 주인이 아니라 노예처럼 살아갈 수밖에 없었다.

사사기를 보면 그들은 여호수아 이후에 가나안 족속들에게 옆구리가 찔렸고 가나안 신들의 올무가 되어서 그들의 종 노릇을 하며 살아야 하지 않았는가. 만약에 여호수아와 장로들이 자녀들에게 신앙의 유산을 잘 전수시켜 주었다면 그들은 계속해서 가나안 민족의 정복자답게 주인으로 살았고 하나님의 모든 축복을 누리는 가나안 축복의 주인공이 되었을 것이다.

그러므로 우리에게 중요한 것은 믿음의 전수이다. 신앙의 유산을 물려주고 말씀과 모든 하나님의 축복을 진정으로 전수시켜 주는 것이다. 재산을 물려주는 것보다, 모든 이 땅의 소유를 물려주는 것보다 더 중요한 것은 믿음을 물려주는 것이고 신앙의 유산을 물려주는 것이다.

　미국의 청교도들 역시 그들의 믿음을 자손들에게 잘 전수하여 아메리카 신대륙에서 영광의 가문을 이루고 축복의 명문가를 이루었으며 세계 군사와 경제, 정치뿐 아니라 학문에 이르기까지 세계 선두를 잡고 세계를 이끌어가고 있다. 그들은 자손 대대로 신앙의 유산을 물려주는 것을 생애 목표요 과업으로 삼았기 때문이다.

　물론 미국의 역사는 300년이 지난 오늘에 복음의 절정기는 쇠퇴하고 있다. 그래서 미국이라고 하는 거대한 배가 세상이라고 하는 험한 파도에 흔들리고 있는 것만은 사실이다. 그러나 그래도 그런 미국을 이끌어 가는 사람들은 대부분 청교도의 신앙의 유산을 물려받은 사람들이다.

　나도 신앙의 유산을 우리 자녀들에게 전수해 주기 위하여 프라미스 콤플렉스를 건축하였다. 적어도 20년 30년 후에 아니면 10년, 20년 후에는 신앙의 유산을 물려받은 우리의 자녀들이 조국의 요소요소에서 위대한 역사를 일으키고 위대한 역사의 족적을 남기는 민족의 일꾼과 지도자가 될 것이라는 꿈을 꾸고 있다. 아니, 우리 자녀 세대보다 손자와 그 후손의 세대가 더 큰 축복을 받고 더 하나님을 섬기는 민족의 지도자가 나오는 꿈을 꾼다.

　믿음의 대가 끊기고, 왜곡되고 변질되는 배도의 시대에 한국교회는 신앙의 유산을 잘 전수해야 한다. 특히 코로나로 인하여 완전히 단절되어 버린 다음 세대들에게 반드시 신앙의 유산을 전수해야 한다. 세상은 더욱더 사악해지고 달콤한 욕망으로 우리의 자녀들을 유혹할 것이다. 그러므로 황금보다 더 귀한 복음, 신앙의 유산을 자손 대대로 전수해야 한다. 코로나 이후에 가족들이 함께 보내는 시간이 많아질 것이다. 이런 때에 신앙의 유산을 전수하는 성경적 가족문화, 3대가 함께 드리는 가정예배 문화를 정착시키는 기회로 삼아야 한다.

2) 교회 유산으로서의 교회 세대

수많은 목회자가 다음 세대를 준비해야 한다고 외쳐왔다. 다행스러운 일이다. 그러나 그렇게 주장하는 분들의 이야기에 귀 기울여보면 너무 추상적이고 사변적이며 철학적이다. 나는 이 일을 두고 고민이 많았다. 그래서 한국교회 최초로 처치 플랜팅을 제시하고 한국교회 성장을 돕는 21세기목회연구소 김두현 소장을 만나서 이런 고민을 털어놓았다. 그랬더니 그가 이런 말을 하는 것이다.

"그렇습니다. 당연히 다음 세대를 준비해야지요. 그러나 그것은 주로 개인적인 차원에서 믿음의 세대를 이어주는 것이고, 또 가문의 차원에서는 믿음의 유산을 물려주자는 의미가 강합니다. 어찌 영국교회라고 다음 세대를 말하지 않았겠습니까. 미국교회도 다음 세대를 준비하자고 많이들 이야기했지요. 그러나 그들이 하지 못했던 것이 있었습니다. 그들은 교회 세대(Church Generation)를 말하지 않았던 것입니다. 그래서 한국교회는 다음 세대를 넘어 교회 세대를 이야기하고 이어가야 합니다."

그렇다. 지금까지 영국교회와 미국교회의 지도자들은 내면적 영성이나 개인적 믿음에 치중해 왔다. 그러다 보니 한국교회 강단도 영국교회와 미국교회를 따라갔고 고작 이야기해봐야 다음 세대만을 외쳤다. 그러나 아무리 다음 세대를 외쳐도 교회 세대에 대한 의식이 없고 그 세대를 이어가지 못하면 교회가 무너지는 것이다. 그리고 교회가 무너지면 어떻게 다음 세대를 이어가겠는가.

김두현 소장의 언급처럼 다음 세대를 준비하자는 말은 개인적이고 가문적인 라인에서 믿음의 유산을 이어가도록 하는 의미가 더 크다고 할 수 있다. 그러나 교회 세대를 이어가자는 말은 그 교회가 가진 복음의 생명력, 신학의 정체성, 성령의 역동성, 교회론적 가치를 다음의 교회로 이어가게 하자는 뜻이다. 그리고 그 교회를 넘어 지역의 다른 교회와 또 다른 지역의 교회까지 이어지도록 하는 것이다.

그러므로 교회 담임목사가 바뀌거나 아무리 교회 생태계가 파괴되어도 교회 세대만 잘 이어지게 하면 교회는 계속해서 건강하게 존재할 수 있고 지속해서 부흥할 수 있다. 아무리 다음 세대를 준비한다 해도 교회가 무너져 버리면 다음 세대는 있을 수 없다. 영국교회의 모습이 그 예라고 할 수 있을 것이다. 그러므로 우리는 다음 세대운동과 더불어 교회 세대 운동을 펼쳐가야 한다.

교회 세대를 세워가는 새에덴교회 교육

우리 교회는 다음 세대(Next Generation)를 넘어 교회 세대(Church Generation)를 준비하는 교육 프로그램을 운영하고 있다. 지금까지 한국교회의 수많은 목회자들이 다음 세대나 차세대를 준비해야 한다고 외쳤지만, 이는 다소 추상적이고 사변적인 면이 있었고, 주로 개인적이고 가문의 차원에서 믿음의 유산을 물려주자는 의미가 강하였다.

교회 세대를 이어가자는 말은 그 교회가 갖고 있는 복음의 생명력, 신학의 정체성, 성령의 역동성, 교회론적 가치를 다음 세대의 교회로 이어가게 하자는 것이다. 아니, 그 교회를 넘어 지역교회와 한국교회 전체가 교회 세대로 연결되도록 하는 데 의미가 있다.

교회 세대를 세워가기 위해서 중요한 것은 먼저 교회의 생명력을 회복하고 올바른 성경적 원형교회론을 다시 정립해야 한다. 새에덴교회학교는 개척 초기부터 말씀 교육을 통한 통일한국시대의 민족의 눈물을 닦아주는 지도자 양성이라는 비전을 가지고 다양한 교회학교 교육프로그램을 개발하여 아이들을 양육하고 있다.

7세 이하의 영유아 학교에서는 매주 성경인물을 배우고, 말씀 암송을 통하여 신명기적 교육을 실시하고 있으며, 이 나라의 주인공이 될 어린이들을 섬기고 있는 유소년 학교에서는 재미있는 활동, 뜨거운 찬양, 순도 깊은 예배를 통하여 하나님 말씀으로 양육하여 생명과 구원을 얻어, 온전한 그리스도인으로 길러내는 데 역점을 두고 있다.

또한 유소년을 대상으로 하는 글로벌 학교에서는 다채로운 놀이 활동을 통하여 창의력, 사회성 발달, 긍정적 사고를 도와 아이들을 향한 하나님의 비전과 꿈을 심어주고 영어예배를 통하여 글로벌 리더의 마인드를 함양시켜 주고 있다. 특별히 질풍노도 시기의 아이들을 섬기고 있는 청소년 학교에서는 생명나무 신앙을 기초로 올바른 기독교적 신앙관과 가치관을 심어주고, 다양한 나눔을 통하여 역사와 사회를 책임지는 민족의 리더를 길러내고 있다.

새에덴 쉐마키즈 선교원

우리 교회는 창립 30주년을 기념하여 자연친화적인 천혜의 환경 속에 '쉐마키즈 선교원'을 준공하였다. 어린 시절부터 철저한 말씀교육과 신앙교육으로 아이들을 양육하기 위하여 최고의 시설과 환경, 교육 프로그램을 갖추었다.

새에덴 쉐마키즈 선교원의 교육 핵심은 "너는 마음을 다하고 뜻을 다하고 힘을 다하여 주 여호와 하나님을 사랑하라"(신 6:5)는 쉐마 말씀에 기초하고 있다. 그뿐만 아니라 아이들의 지성 발달을 위한 원어민 영어, 웅변, 교구수학, 과학, GYM, 가베, 오르다, 슈필렌, 큐보로 교육 프로그램과 감성지수를 높여줄 숲 체험, 성품 교육, 리더십 교육 등이 더해져 최고 수준의 교육 서비스를 제공하고 있다.

쉐마비전스쿨

쉐마비전스쿨은 오래전에 주5일제를 대비해서 아이들이 토요일에도 교회학교 프로그램을 통하여 양질의 교육을 받을 수 있도록 만든 것이다. 한국에 쉐마교육을 소개한 현용수 교수에게 배운 것을 교회적으로 적용하였다. 믿음을 자손 대대로 전수하고자, 초등학생에게 말씀, 환경, 역사, 자연생태계, 과학, 문화 등을 교육하여 지성과 영성, 감성이 조화를 이룬 믿음의 사람, 역사와 사회를 책임지는 리더를 배출하고 있다.

쉐마비전스쿨 과정으로는 역사학교, 문화학교, 농장학교, 과학학교, 예절학교, 성경학교 등이 있다. 특별히 역사학교를 할 때는 내가 직접 아이들을 인솔하여 남한산성, 삼전도비, 울들목을 견학하며 고난의 역사를 교육하기도 한다. 그리고 6년간 비전스쿨 과정을 우수하게 이수한 학생들을 선발하여, 교회 전액 장학금으로 매년 해외 대학 탐방 및 미국 학교에서 현지 학생들과 한달동안 수준 높은 교육을 받을 기회를 제공하고 있다.

쉐마리더십스쿨

쉐마리더십스쿨은 쉐마비전스쿨을 조금 더 업그레이드한 것이다. 쉐마비전스쿨이 초등학생을 위한 교육 과정이라면 쉐마리더십스쿨은 중·고등학생들을 위한 교육 과정이다. 위대한 리더는 태어나는 것이 아니라 만들어진다는 모토 아래 신개념 교육을 지향한다. 리더로 성장하기 위한 필수 항목인 스피치, 자기계발, 기독교적 세계관과 가치관, 경제관, 미디어관, 현시대 트렌드, 4차 산업혁명 시대의 기독교 윤리 등 리더로서의 기본적인 소양과 자질을 교육하고 있다.

매년 수료자들에게 중국 및 러시아의 역사 유적지 탐방기회를 부여함으로써 올바른 역사의식을 가진 진정한 리더가 되도록 지원하고 있다. 이 과정을 수료할 때는 수료기념으로 우리 민족의 고난의 역사와 연관된 상해 임시정부, 하얼빈, 대련, 광개토대왕 역사 대장정을 한다. 최근에는 블라디보스토크를 중심으로 안중근 의사와 최재형 선생 유적지 등 애국지사들의 애국혼이 서려 있는 곳을 탐방하며 역사의식을 되새긴다. 역사 유적 탐방에 참여한 학생들의 경비를 교회가 지원하고 있다.

쉐마 가정 프로젝트

나는 현용수 교수로부터 쉐마교육을 받은 적이 있다. 그래서 그분의 쉐마교육에서 착안하여 쉐마 가정 프로젝트를 진행하고 있다. 물론 유대이즘(Judaism)적 요소는 철저하게 걸러내고 교회적, 복음적으로 적용하여 진행한다. 예컨대, 매주 토요일에 가정예배를 드리면서 가정기도문을 고백하며 자녀를 축복하는 시간을 갖도록 한다. 그리고 쉐마 교패를 만들어 '하나님만을 사랑하는 쉐마가정'이라는 교패를 붙였고, 또한 쉐마 방패를 만들어서 자녀들이 자라나는 각 방마다 붙이게 하였다. 그래서 아이들이 집에 들어가고 나갈 때마다 하나님만을 사랑하는 쉐마가정이라는 의식을 심어주고 있다.

그뿐만 아니라 교회와 가정의 신앙교육이 분리되어 있는 것이 아니라 가정에서도 신앙교육을 담당해야 한다는 인식하에, 교회학교에서 매주 가정 예배지를 만들어 배포하고 있다. 이는 부모 세대 믿음의 유산을 자녀에게 전수하는 쉐마 가정 프로젝트로 담임목사의 주일 설교 말씀을 자녀들의 눈높이에 맞추어 기획·제공함으로써 담임목사의 목회철학을 나누고, 교회가 추구하는 신앙적 가치를 공유하여 세대 간 믿음을 전수하고 있다.

토요학교

토요학교는 쉐마비전스쿨과 리더십스쿨을 확대한 것이다. 아이들에게 다양한 문화와 테마 체험을 통하여 창의력을 키워주는 토요학교를 운영하고 있다. 베베스쿨에서는 말씀과 찬양, 오감놀이, 대근육활동, 신체놀이 등을 통하여 엄마와 함께 오감으로 하나님의 말씀을 배우는 기회를 제공하고 있다.

섬김스쿨은 중학생들이 봉사를 통해 섬김의 진정한 가치를 배우고, 봉사활동 점수로도 인정받을 수 있는 다양한 기회를 제공하고 있다. 또한 청장년들이 멘토가 되어 고등학생들을 멘토링하는 투모로우 스쿨에서는 풍부한 경험을 바탕으로 4차 산업혁명시대의 유망직업 등 다양한 진학과 진로에 대하여 컨설팅을 제공하고 있다. 그리고 토요창의재능스쿨에서는 Fun English, 중국어 회화, 태권도, 어쿠스틱 기타 연주법, 샌드아트, 4C, 키즈 필라테스 등 창의적 재능을 길러주는 프로그램이 알차게 구성되어 운영되고 있다.

천사소리 합창단과 프라미스 오케스트라

2003년 창단한 천사소리 합창단은 각종 정기연주회와 국내 및 해외 순회공연을 해왔으며, 특히 미국에서 열린 마틴 루터킹 목사 탄생 기념 퍼레이드 공연이 방송을 통하여 미국 전역에 생중계됨으로써 한국의 위상을 높이고 한미관계 우호와 증진에 공헌하기도 했다.

또한 예술의전당 서예관 개관 기념 공연, 베트남 선교 공연, 새에덴 교회 설립 30주년 기념음악회 공연 등을 통해 아름다운 합창으로 주님의 영광을 위하여 쓰임 받고 있다.

"교회의 자녀들을 교육하여 예배를 돕는 연주자로 키우라"는 비전으로 2007년 설립된 프라미스 오케스트라는 전문적인 음악훈련 과정을 통해 주일 5부예배를 섬기고 있으며, 지역주민과 함께하는 음악회, 양로원 봉사, 정기연주회를 통해 지역사회와 소외된 계층을 위로하는 음악선교도 병행하고 있다.

교사들을 위한 STA 운영

교회학교 부흥을 위해서는 교사들의 소명감과 교육 역량을 강화하는 것이 필수적이다. 그래서 새에덴교회는 STA(Saeeden Teacher Academy)로 불리는 교사교육 프로그램을 운영하고 있다. 각 부서 새가족 교사 교육, 찬양 인도자 보컬 트레이닝, 어린이 찬양 인도자 교육, 사진 촬영 기법, 영상 촬영 및 편집 기술, 상담과 코칭 등 다양한 교육 과목을 개설하여 각 부서 교사들에게 실질적인 도움을 주고 있다. "새에덴교회학교.kr" 인터넷 도메인을 개설하여 교사들이 온라인을 통해 신청할 수 있도록 하였고 향후 유튜브 채널도 신설하여 교회에서뿐만 아니라, 언제 어디서든 교사교육(STA)에 접근할 수 있는 유비쿼터스 환경도 조성하려고 한다.

초저출산 시대로 진입하면서 교회학교 학생 수가 감소하는 것은 어찌 보면 피치 못한 현상일수도 있다. 과거 1960, 70, 80년대까지만 해도 주일학교 학생들이 얼마나 차고 넘쳤는가. 우리가 그때처럼 아이들을 교육할 수는 없지만 그래도 다음 세대를 넘어 교회 세대를 이어가는 교회교육은 반드시 더 새롭게 강화되어야 한다. 새에덴 교회학교는 지금도 여전히 아이들을 로드십과 생명나무 신앙, 신정주의 교회론, 킹덤 빌더의 가치를 공유한 교회 세대로 자라도록 교육하고 있다. 그리하여 신실한 믿음과 성경적 세계관으로 무장한 미래의 지도자들을 길러내어 한국교회의 부흥을 이끌고 통일한국시대를 열어가는 꿈을 향해 달려가고 있다.

우리 교회는 코로나 위기 때도 가정예배 포맷을 만들어서 자녀들에게 신앙의 유산과 교회의 신앙을 전수하는 운동을 했다. 가정예배 포맷 가운데는 교회의 중요성을 강조하는 교회론 교육을 하였다. 그리고 부모가 교회를 데리고 나와 예배를 드리거나 자녀들을 야외로 불러서 예배를 드리도록 했다. 교회에서도 할 수 있지만 혹시 다른 불신자들의 자녀들 가운데 만에 하나라도 확진자가 나오거나 감염 소지가 있을까봐 그랬다. 만약에 확진자가 나와 버리면 교회가 2주간 폐쇄되니까 어쩔 수 없이 그렇게 한 것이다. 그러나 다시 주일학교 예배가 정상화되면 교회론, 예배론 교육을 시켜서 교회 세대를 이어가게 할 것이다.

3) 유튜브를 통한 Z세대 전도

현시대에 Z세대 전도는 미종족 전도나 마찬가지다. 과거 대부분의 사람들은 여름성경학교나 크리스마스 등 한 번은 교회를 가 본 경험이 있다. 그런데 요즘 청소년들은 교회를 한 번도 안 가본 아이들이 많다. 코로나 사태로 인해 활성화된 유튜브 콘텐츠를 활용하여 아이들에게 교회 예배와 문화를 경험하게 하고 교회로 전도하는 통로로 삼아야 한다.

기독교 세계관을 담은 음악회나 연극, 미술전람회, 독서, 여행, 취미 활동 등을 유튜브 콘텐츠로 제작하여 Z세대들과 소통하는 것도 한 방법이 될 수 있다. Z세대들이야말로 포노 사피엔스의 전형들이다. 그들은 스마트폰은 몸의 일부처럼 활용한다. 그런 그들에게 유튜브를 통하여 전도의 활로를 모색해야 한다. 코로나 이후에 새로운 시대적 전환이 일어난 것에 대해서 인정하고 온라인에 머무르고 있는 Z세대들을 교회 현장으로 끌어올 수 있는 유튜브 문화콘텐츠 개발에 집중해야 한다.

나는 신학교 집회를 가는 곳마다 유튜브 전도에 관심 있는 사람은 찾아오라고 한다. 많은 사람들이 우리 교회를 선전하고 소 목사를 홍보하기 위하여 그렇게 하는 줄 오해하는데, 전혀 아니다. 나는 유튜브 전문 사역자가 있으면 본인이 직접 강사가 되어 젊은 세대와 Z세대를 전도할 수 있는 역할을 하라고 한다. 기획과 콘텐츠가 좋으면 우리 교회에서 지원해 주겠다고 한다. 나는 코로나 이후에 이 일을 더 적극적으로 하려고 한다. 한국교회가 기독교 세계관과 가치관을 담은 유튜브 생태계를 살리는 데 더 집중했으면 좋겠다. 그래야 다음 세대, 교회 세대를 살릴 수 있다.

하나님의 테스트, 코로나

코로나에 대해 질문을 하는 분들이 있다. 과연 코로나는 하나님의 심판인가, 재앙인가. 어떤 사람은 그렇게 함부로 말해서도 안 된다는 사람도 있고, 이것은 분명히 하나님의 심판이고 재앙이라고 하는 사람들도 있다. 우리가 양극단에 치우칠 필요는 없지만, 코로나 역시 하나님의 절대주권 안에 있다는 사실을 알아야 한다. 그러면 코로나는 심판이나 재앙의 측면도 있을 수 있다.

동시에 하나님께서 코로나를 통해서 우리에게 주시는 메시지도 있다. 그것은 바로 "인간의 힘은 한계가 있다. 과학의 힘도 한계가 있다. 인간은 겸손해야 한다", 이런 메시지를 받을 수 있다. 그런데 이것을 논쟁하려고 하는 것이 아니라 더 중요한 사실이 있다. 그것은 코로나는 하나님이 우리에게 주시는 하나의 시험이라는 사실을 강조하고 싶다. 누구든 시험을 좋아하는 사람이 누가 있겠는가. 그런데 시험을 잘 치면 위기는 기회가 성장하는 모멘텀(momentum)이 되는 것이다. 그러나 시험을 기회로 바꾸지 못하고 우두커니 멍하게 있으면 스스로 도태되고 나락에 떨어져 버린다.

필자는 크게 두 가지로 이야기했다. 첫째, 성경적 신앙, 초대교회 신앙을 리셋하고 리포맷시켜야 한다고 했다. 둘째, 교회세움운동을 하자고 했다. 이 모든 것은 인간의 힘으로 할 수 없다. 예수 그리스도 안에서 은혜가 주어질 때 할 수 있다. 하나님이 허락하시면 할 수 있다. 그러므로 우리가 하나님의 은혜를 갈망하며 이 땅에 부흥의 바람이 다시 불도록 기도해야 한다.

코로나를 이기는 하늘의 퍼펙트 스톰을 기다리며

퍼펙트 스톰(perfect storm)이라는 말을 아는가? 이 퍼펙트 스톰은 위력이 크지 않은 둘 이상의 작은 태풍이 서로 충돌하면서 그 영향력이 가히 폭발적으로 커지는 현상을 말한다. 경제, 사회 분야에서도 두 가지 이상의 악재가 겹쳐 더 큰 피해를 당할 때 쓰는 용어이기도 하다. 2000년에 '퍼펙트 스톰'이라는 재난 영화가 상영되기도 하였다.

이 퍼펙트 스톰이 몰아치면 흔적도 없이 모든 것을 다 쓸어버린다. 보통의 태풍은 흔적이라도 남기는데 퍼펙트 스톰은 흔적조차도 남기지 않은 완벽한 폭풍이다. 그러니 이 퍼펙트 스톰이 불어닥치면 어마어마한 재난이 일어나는 것이다. 한국교회는 코로나라고 하는 퍼펙트 스톰을 맞았다. 한국교회 100년사 속에서 이런 거대한 재난의 바람은 없었다.

그런데 또 하나의 하늘의 퍼펙트 스톰이 있다. 우리가 산불이 일어나면 맞불작전을 펼치는 것처럼 이 재난의 바람을 더 거룩한 하늘의 퍼펙트 스톰으로 잠잠케 해버려야 한다. 예수님의 제자들이 십자가 사건 이후에 예루살렘에서 꼼짝도 못한 채 두려워서 벌벌 떨고 있었다. 겁쟁이처럼 벌벌 떨고 있던 제자들에게 하늘이 열리고 성령이 임하였을 때 거룩한 부흥의 역사가 나타났다. 그런데 성령이 임하는 모습을 "급하고 강한 바람"이라고 했다. 이것이 바로 하늘의 퍼펙트 스톰이었다.

행 2:1-3 오순절 날이 이미 이르매 그들이 다같이 한 곳에 모였더니 홀연히 하늘로부터 급하고 강한 바람 같은 소리가 있어 그들이 앉은 온 집에 가득하며 마치 불의 혀처럼 갈라지는 것들이 그들에게 보여 각 사람 위에 하나씩 임하여 있더니

급하고 강한 바람 같은 소리가 났다고 하지 않는가. 그리고 급하고 강한 바람과 함께 불의 혀처럼 갈라진 것이 임한 것이다. 상상해 보라. 불의 혀처럼 갈라지는데 거기에 급하고 강한 바람이 불어대니 얼마나 불이 잘 번지겠는가? 바로 이 모습이 마가 다락방에 임한 하늘의 거룩한 퍼펙트 스톰이었다. 그래서 당시에 교회를 태동시키지 못하게 하려고 하는 재난의 바람을 급하고 강한, 하늘의 거룩한 퍼펙트 스톰으로 눌러 버린 것이다.

그런데 그 퍼펙트 스톰은 언제 임하였는가. "홀연히" 임하였다고 한다. "홀연히"라는 말은 'Suddenly', '갑자기'라는 말이다. 그러니까 언제 임할지 모른다는 것이다. 또한 하나님의 주권에 의해서만 임한다는 것이다. 그러니까 하늘의 퍼펙트 스톰을 일으키기 위하여 우리가 할 일은 부흥의 역사를 사모하고 기도해야 한다는 것이다. 그래서 하박국 선지자도 이렇게 기도했지 않는가?

합 3:2하 여호와여 주는 주의 일을 이 수년 내에 부흥하게 하옵소서 이 수년 내에 나타내시옵소서 진노 중에라도 긍휼을 잊지 마옵소서

코로나 이후에 한국교회는 지금까지는 한 번도 경험해 보지 못한 어려움을 겪을 것이다. 그러나 우리가 코로나의 테스트를 잘 이겨내면 이전에 한 번도 경험해 보지 못한 위대한 복음 사역과 놀라운 부흥을 이루어낼 수 있다. 이제 다시 부흥을 사모하자. 더 간절히 기도하자. 그럴 때 한국교회에 하늘의 퍼펙트 스톰을 다시 일으킬 수 있다. 하나님의 은혜 안에서 교회를 다시 세울 수 있다. 태풍이 지나고 나면 하늘도 바람도 바다도 정화되고 맑아지듯이, 코로나 이후에 한국교회 안에 정화와 부흥의 역사가 일어났으면 좋겠다.

이 책을 코로나 이후, 위기를 극복하고 이겨내야 할 한국교회의 제단에 바친다.

포스트 코로나 한국교회의 미래

1판 1쇄 발행 _ 2020년 4월 27일
1판 3쇄 발행 _ 2020년 5월 25일

지은이 _ 소강석
펴낸이 _ 이형규
펴낸곳 _ 쿰란출판사

주소 _ 서울특별시 종로구 이화장길 6
편집부 _ 745-1007, 745-1301~2, 747-1212, 743-1300
영업부 _ 747-1004, FAX 745-8490
본사평생전화번호 _ 0502-756-1004
홈페이지 _ http://www.qumran.co.kr
E-mail _ qrbooks@gmail.com / qrbooks@daum.net
한글인터넷주소 _ 쿰란, 쿰란출판사
페이스북 _ www.facebook.com/qumranpeople
인스타그램 _ www.instagram.com/qrbooks
등록 _ 제1-670호(1988.2.27)
책임교열 _ 송은주·김유미

ⓒ 소강석 2020 ISBN 979-11-6143-375-2 03230

책값은 뒤표지에 있습니다.
이 출판물은 저작권법에 의해 보호를 받는 저작물이므로 무단 복제할 수 없습니다.
파본(破本)은 구입처에서 교환해 드립니다.